Franziska von Au

Der Taschen-Knigge

Sicher zum Erfolg
mit gutem Benehmen

Nebel
Ratgeber

Inhalt

Vorwort 4

Umgangsformen im privaten Bereich 6

Der gute Eindruck 6
Vom »gepflegten Äußeren« und der richtigen Kleidung über Komplimente bis zur angemessenen Entschuldigung.

Raucher und Nichtraucher 13
Wann darf man rauchen? Wie wehrt man sich als Nichtraucher höflich gegen den blauen Dunst? Darf ich während des Essens rauchen?

Ich habe ein Haustier – Was muss ich beachten? 15
Die wichtigsten Regeln für Tierhalter.

Duzen und Siezen – wie ist's richtig? 16
Wer bietet wem das Du an? Wann ist Duzen nicht angebracht? Siezen und Duzen im Büro.

Auf gute Nachbarschaft 18
Kennenlernen der Nachbarn, Vermeiden von Unstimmigkeiten. Darf man Feste feiern, wie sie fallen?

Der gute Ton am Telefon 20
Allgemeine Höflichkeitsregeln für Telefon und Anrufbeantworter. Was man beim Telefonieren mit dem Handy beachten sollte.

Anstandsregeln innerhalb der Familie 23
Respektbezeugung im Familienkreis. Wie bringe ich Kindern Manieren bei?

Am Krankenbett 25
Richtiges Verhalten am Krankenbett. Was eignet sich als Mitbringsel?

Lebensart in der Öffentlichkeit 27

Gruß und Begrüßung 27
Richtiges Grüßen. Umgang mit Kuss und Handkuss.

Sich und andere vorstellen 30
Wie stellt man sich selbst und Fremde einander vor? Umgang mit Visitenkarten.

Die Einladung zu einem offiziellen Ereignis 33
Welches Fest zu welcher Tageszeit?

Angemessene Kleidung, Begrüßung, Pünktlichkeit und Tischordnung.

Behörden, öffentliche Räume und Veranstaltungen 43
Der richtige Auftritt in Ämtern und Behörden, vor Gericht, beim Arzt und im Krankenhaus.

Kino und Theater, Oper und Konzert 47
Kleiderordnung, richtiges Verhalten beim Zuspätkommen. Wie applaudiere ich angemessen?

Bei Tisch und im Restaurant .. 51

Fein essen zuhause 51
Das offizielle Essen in privaten Räumen, Menüabfolge. Wie sieht das Gedeck für ein mehrgängiges Menü aus? Umgang mit Besteck und Serviette, Getränkeabfolge.

Im Restaurant 61
Die Auswahl des Lokals, Vorbestellung, die richtigen Umgangsformen bei Tisch.

Was man wie richtig isst 66
Die wichtigsten Regeln für den Genuss z.B. von Artischocken, Austern, Fisch, Fleisch, exotischen Früchten, Schaltieren.

Unterwegs und auf Reisen ... 72

In öffentlichen Verkehrsmitteln 72
Höfliches Verhalten in Bus, Bahn und Flugzeug.

Der Aufenthalt im Hotel 75
Von der Buchung über die passende Kleidung bis zum angemessenen Trinkgeld.

Im Urlaub 79
Richtiges Verhalten im Gastland, Höflichkeitsregeln bei der Verständigung, Trinkgeld im Ausland.

Mit guten Manieren zum beruflichen Erfolg 81

Die Bewerbung 81
Gestaltung der Bewerbungsunterlagen, Kleiderauswahl, Auftreten im Vorstellungsgespräch, richtiges Verhalten nach dem Gespräch.

Im neuen Job 87
Höflichkeit gegenüber Vorgesetzten und Kollegen am neuen Arbeitsplatz.

Impressum 94

Register 95

Vorwort

Seit Menschen zusammenleben, gibt es Regeln für den Umgang miteinander. Die Etikette – so nennt man die herkömmlichen gesellschaftlichen Umgangsformen – ist von Kulturkreis zu Kulturkreis unterschiedlich, und sie ist dem Wandel der Zeiten unterworfen. Was gestern noch »Pflicht« war, wird heute zum Teil als eher lächerlich angesehen; was vor wenigen Jahren als verpönt galt, wird heute vielleicht geduldet oder gar anerkannt.
Zwar hält sich im Alltagsleben niemand streng an ein Protokoll, wie es etwa bei Staatsempfängen Usus ist oder früher bei Hofe üblich war. Dennoch sind im Umgang mit unseren Mitmenschen Takt und Höflichkeit unerlässlich. Arthur Schopenhauer formulierte es folgendermaßen: »Höflichkeit ist Klugheit; folglich ist Unhöflichkeit Dummheit; sich mittels ihrer unnötiger- und mutwilligerweise Feinde machen ist Raserei.«

Höflichkeit im täglichen Leben hat so viele Facetten wie das Leben selbst. Am ehesten erkennen Sie, was Höflichkeit eigentlich ist, wenn sich jemand in Ihrer Umgebung unhöflich verhält. Oft sind es nur Kleinigkeiten, die störend wirken, die das Umgehen miteinander beeinträchtigen. Aber: In der Summe sind sie Beispiel für schlechtes Benehmen und damit Unhöflichkeit.

Höflichkeit dagegen …

- ist eine Möglichkeit, durch die Wahrung gewisser Regeln und Formen Brücken zu unseren Mitmenschen zu schlagen. Durch gegenseitigen Respekt schaffen Sie einerseits Nähe, andererseits aber auch die nötige Distanz.
- zeigt sich vielfach in Dingen, die wir täglich ganz selbstverständlich tun – z. B. mit »Bitte« und »Danke«, mit dem freundlichen Gruß zu Wiedersehen und Abschied, dem Anruf oder der Karte zum Geburtstag, der Gratulation zu einer bestandenen Prüfung.

- ist ein Lebensstil, der in Fleisch und Blut übergehen sollte. Wenn Sie sich im privaten Bereich gehen lassen und auch im Kreise Ihrer Familie keinen Wert auf Anstand und gutes Benehmen legen, wird es Ihnen schwer fallen, sich in Gesellschaft anderer so zu benehmen, dass man Sie als höflich bezeichnet.

Auf den ersten Blick mag es Ihnen unlogisch erscheinen: Aber nicht immer sind exakt eingehaltene Formen und Benimmregeln das Richtige. Im Gegenteil: Man wirkt schnell besserwisserisch und übereifrig – und zudem brüskiert man andere mit dem eigenen scheinbar guten Benehmen. Selbst wenn Sie damit anzeigen, dass Sie in punkto Manieren Bescheid wissen – höflich und vor allem taktvoll sind Sie dabei nicht unbedingt. Takt ist – so meinte der französische Schriftsteller und Philosoph Chamfort – »der auf das Benehmen angewandte gute Geschmack.« Manchen Menschen ist Takt in die Wiege gelegt – sie wissen instinktiv, wie sie sich wann zu benehmen haben. Man kann Takt aber durchaus auch lernen. Gutes Benehmen besteht nämlich nicht in Formen und Regeln oder Anpassung um jeden Preis, sondern im respektvollen Umgang miteinander. Und dazu sollten Sie zwei Dinge beherzigen:

- Schlechtes Benehmen ist ein Zeichen von Rücksichtslosigkeit, weil es Mitmenschen stört.
- Höflichkeit bringt gesellschaftliche Vorteile mit sich, Unhöflichkeit im Gegenzug dafür Nachteile. Ist man also höflich, kommt man weiter: im Privatleben und auch im Beruf.

In diesem kleinen Büchlein möchte ich Ihnen »im Schnellkurs« und zum Nachschlagen für unterwegs die wichtigsten Regeln für gutes Benehmen aufzeigen. Damit sind Sie in all jenen Situationen gerüstet, in denen Sie im Alltagsleben vielleicht nicht so genau Bescheid wissen.

Franziska von Au
Im Mai 2001

Umgangsformen im privaten Bereich

Viele Menschen sind der Ansicht, Höflichkeit sei nichts anderes als Lüge und Heuchelei. Doch das ist falsch: Höflichkeit ist Respekt vor dem Mitmenschen und hat viel, sehr viel mit Rücksichtnahme zu tun – und ein wenig mit Eigeninteresse. Denn immer noch gilt das alte Sprichwort: »Wie ich in den Wald hineinrufe, so schallt es heraus!« Will heißen: Wenn ich respektvoll behandelt werden möchte, muss ich dasselbe auch meinen Mitmenschen entgegenbringen. Das fängt unter anderem damit an, dass ich sie nicht durch mein Äußeres, mein Auftreten und mein Benehmen vor den Kopf stoße. Sie müssen sich deshalb nicht um jeden Preis anpassen – Sie können trotzdem Individualist bleiben. Sie sollten nur stets diese Fragen im Hinterkopf behalten: Was will ich erreichen? Wie sollen mich die anderen sehen? Welchen Eindruck sollen sie von mir haben?

Der gute Eindruck

Der erste Eindruck, den wir hinterlassen, entscheidet darüber, ob unser Gegenüber uns zunächst als positiv oder negativ empfindet (selbst wenn er dieses Urteil später, nach längerer Bekanntschaft, revidiert). Deshalb ist es so wichtig, auf ein gepflegtes Äußeres zu achten, und natürlich auf höfliches und taktvolles Benehmen.

▶ *Was macht ein »gepflegtes Äußeres« aus?*

- Ihr Haar sollte immer frisch aussehen. Selbstverständlich sind ein guter Haarschnitt, regelmäßige Haarwäsche und die gepflegte Frisur.
- Ihre Fingernägel sind sauber und geschnitten oder gefeilt. Die Nagelhaut ist möglichst glatt und nicht eingerissen.
- Wer als Herr nicht glatt rasiert erscheint, achtet auf einen gepflegten Bart – durchaus modisch, aber bei längerem Barthaar perfekt (am besten vom Friseur) gestutzt.
- Schmuck trägt man nur da, wo er angebracht ist: tagsüber und im Beruf bitte nichts Pompöses, sondern schlichte Stücke.

- Ein Zuviel an Gerüchen stört. Das gilt für Körper- und Mundgeruch ebenso wie für Knoblauchdünste oder zu aufdringliches Parfüm und Rasierwasser.
- Passen Sie Ihre Lautstärke der Situation an – sowohl beim Reden wie beim Lachen.

Was tun gegen Körpergeruch?

Unangenehmer Körpergeruch muss nicht unbedingt etwas mit Unsauberkeit zu tun haben. Weil es aber den Anschein erweckt, sollten Sie nicht nur peinlichst sauber sein, sondern außerdem vorbeugen: zum einen mit Deo, zum anderen mit täglich frischer Kleidung (vor allem Unterwäsche). Sauberkeit kann sich jeder leisten – wenn es nötig sein sollte, auch mehrmals täglich. Gegen Transpiration kann jeder etwas unternehmen. Und wer besonders darunter leidet, muss eben mehr tun. Achselschweiß lässt sich bestens mit Deodorant (gibt es auch für Allergiker!) bekämpfen. Es nützt übrigens wenig, sich mit Parfum oder Rasierwasser einzunebeln. Beides verdeckt Körpergeruch nicht.

Was tun gegen Mundgeruch?

Mundgeruch muss nichts mit mangelnder Zahnhygiene zu tun haben, er kann körperliche Ursachen haben. Gerade dann sollten Sie immer ein Pfefferminz bei sich haben und öfter als nur nach den Mahlzeiten die Zähne putzen. Mundwässer können ebenfalls hilfreich sein. Wer ein Fan von Knoblauch ist, sollte sich zurückhalten, wenn er eng mit anderen Menschen zusammen arbeitet. Dann ist dieser Genuss nur am Wochenende erlaubt.

Wie kleide ich mich richtig?

Wählen Sie Ihre Kleidung entsprechend dem Anlass und der Situation – überlegen Sie, wie Sie sich dort präsentieren wollen. Außerdem soll die Kleidung natürlich zu Ihrem Typ passen. Gerade bei dem vielfältigen Angebot, das Ihnen heutzutage in der Mode gemacht wird, sollte es Ihnen möglich sein, das zu finden, was Ihre individuelle Persönlichkeit unterstreicht.

Mit gut gewählter Kleidung stärken Sie auch Ihre Selbstsicherheit. Wenn Sie unsicher sind: Lassen Sie sich bezüglich Stil und Farbauswahl beraten. Im Gegensatz zu früher gibt es heute keine strenge Kleiderordnung mehr. Abgesehen davon, dass Sie sich im Berufsleben natürlich an die Richtlinien halten müssen, die in Ihrer Firma gelten.

Wie verhalte ich mich so, dass ich »ankomme«?

Am besten ist eine ausgewogene Mischung aus Zurückhaltung und aktiver Teilnahme.

- Seien Sie kein »graues Mäuschen«, halten Sie sich nicht zu sehr im Hintergrund: Das kann fälschlich als Duckmäuserei oder zu starkes Beobachten ausgelegt werden.
- Zeigen Sie Interesse an Ihrem Gegenüber und am Gespräch.
- Treten Sie Ihrem Gesprächspartner aber nicht zu nahe, und »quetschen« Sie ihn nicht aus.
- Hüten Sie sich vor Übertreibungen und Unwahrheiten.
- Eine selbstverständliche Pflichtübung sind Floskeln wie »Guten Tag«, »Bitte«, »Danke« und »Auf Wiedersehen«.

Wann ist die »ungeschminkte Wahrheit« nicht angebracht?

Als fanatischer Verfechter der Wahrheit hat man es nicht unbedingt leicht im Alltag. Oft genug wirkt man verletzend, es kann zu peinlichen Situationen kommen. Halten Sie sich lieber an die Aussage von Arthur Schnitzler: »Toleranz heißt: Die Fehler der anderen entschuldigen. Takt heißt: sie nicht bemerken.« Damit können Sie nicht gänzlich falsch liegen. Das heißt nun aber auch nicht, dass Sie sich alles gefallen lassen müssten, um einen anderen nicht zu verletzen. Jedoch: Der Ton macht die Musik – Sie können Angriffe durchaus parieren. Aber eben höflich und nicht ausfallend. Mit klaren Worten, freundlich verpackt, erreichen Sie mehr als mit einer deutlichen, aber derben Aussage. Selbst wenn Sie sich unaufrichtig vorkommen, weil Sie Ihren Verwandten oder Vorgesetzten nicht die wahre Meinung ins Gesicht sagen »dürfen« – vergessen Sie nicht, dass Sie selbst manchmal bestimmt ganz gerne darauf verzichten, die ungeschminkte Ansicht anderer über Ihre Person zu erfahren. Es gibt außerdem Fälle, in denen allgemein ein sehr vorsichtiger Umgang mit der reinen, unverblümten Wahrheit angebracht ist: z. B. am Krankenbett und bei Todesfällen, bei der Auseinandersetzung mit Vorgesetzten und Kollegen sowie auf Reisen.

Sind Komplimente nicht meist verlogen?

»Wahrhaftige Komplimente« – das ist nicht unbedingt ein Widerspruch in sich. Es mag ein wenig Übung erfordern – aber sie lohnt sich. Denn Sie lernen, mit der Wahrheit vorsichtig und bedachtsam umzugehen. Was hat es für einen Sinn, zur Freundin, die ein paar Kilos zugelegt hat, zu sagen: »Meine Güte, bist du fett geworden!« oder »Na, an dir ist die Zeit aber auch nicht spurlos vorübergegangen!«, wenn sie ein paar Fältchen mehr im Gesicht hat. Viel freundlicher und möglicherweise ebenso »wahr« ist die Aussage: »O, du bist nicht mehr ganz so hager wie früher. Steht dir gut!« oder »Ich mag dein gereiftes Gesicht!« Gedanken und ausgesprochenes Wort sollten nicht allzu weit auseinander liegen. Versuchen Sie, den positiven Aspekt in dem was Sie sehen, zu finden. Gelingt das nicht, oder kommen Sie um einen Kommentar nicht herum, dann suchen Sie nach einer Formulierung, die freundlich und nicht verletzend ist.

Wie gehe ich ehrlich, aber höflich mit anderen um?

- Seien Sie immer aufrichtig, aber niemals verletzend.
- Verletzten Sie niemanden, indem Sie einen körperlichen Makel erwähnen oder gar herausstellen.
- Komplimente sind immer da angebracht, wo sie ehrlich gemeint sind. Oder wo Sie glauben, dass Sie einen anderen damit erfreuen und ihm weiterhelfen.
- Verkaufen Sie Gerüchte nie als Wahrheit.
- Diskretion ist auch guten Freunden gegenüber angebracht.
- Stört Sie etwas wirklich, dann reden Sie offen darüber, ohne beleidigend zu werden.

Wie handle ich taktvoll?

Takt als Ausdruck natürlicher Höflichkeit heißt, in bestimmten Situationen Fingerspitzengefühl und somit Lebensart zu beweisen. Taktvolle Menschen sind in der Lage, sich in Situationen hineinzuversetzen, die anderen peinlich sein könnten. Wenn es nötig ist, können sie auch schweigen. Oder mit einem Lächeln, einer humorvollen Bemerkung, einem Nicht-zur-Kenntnis-Nehmen über den Fauxpas eines anderen hinweg sehen. Takt setzt Feingefühl voraus, das man erlernen kann und das ständig neu geübt und gepflegt werden muss.

Sagt man heute noch »Gesundheit«, wenn jemand niest?

Taktvolles Verhalten zeigt sich auch darin, dass Sie nicht jedes Mal »Gesundheit« sagen, wenn jemand niest. Stellen Sie sich doch nur einmal vor, Sie sind mit einem Allergiker im selben Raum und dieser leidet gerade unter Heuschnupfen. Spätestens beim dritten »Gesundheit« klingt Ihr gut gemeinter Wunsch ironisch, wenn nicht gar lächerlich.
Wenn Sie merken, dass einem anderen die Situation sowieso schon peinlich ist (bei Konferenzen und Tagungen, im Theater oder Kino, in der Kirche oder bei einem Begräbnis), verzichten Sie besser auf Ihre freundlich gemeinte Äußerung. Andere »Körpergeräusche« wie Husten etc. werden höflicherweise ebenfalls nicht kommentiert.

Wann ist eine Entschuldigung angebracht?

Ob im Beruf oder im Privatleben: Niemand gibt gerne zu, dass er sich geirrt, sich im Ton vergriffen oder falsch gehandelt hat. Es ist jedoch kein Zeichen von Schwäche, zuzugeben, dass man etwas falsch gemacht hat.
Im Gegenteil: Es ist ein Zeichen von Selbstbewusstsein und Stärke. Eine ausbleibende Entschuldigung kann eine ganze Menge anrichten, sie kann Beziehungen im Privaten wie Beruflichen erheblich belasten. Wenn Sie jedoch zugeben, sich falsch verhalten zu haben, erweisen Sie dem anderen Respekt. Und Sie zeigen ihm, dass er und vor allem ihr Verhältnis zu ihm Ihnen wichtig sind.

Wie entschuldige ich mich richtig?

Die Schwere Ihres »Vergehens« bestimmt die Form: Bei einer kleinen Meinungsverschiedenheit unter guten Freunden kann der Griff zum Telefonhörer schon genügen. Ist die Situation jedoch sehr verfahren, schreiben Sie besser einen Brief. Wichtig:

- Ihre Entschuldigung sollte ehrlich gemeint sein und klingen. Ein wütend hingeworfenes »Dann entschuldige ich mich eben« ist sinnlos: Der Empfänger merkt sehr wohl, dass Ihre Aussage nicht ernst gemeint ist.
- Vermeiden Sie übertriebenes »Zu-Kreuze-Kriechen«: Diese Unehrlichkeit ist rasch zu durchschauen und kommt deshalb nicht gut an.
- Lassen Sie Ihren Ärger und Ihre Wut über den anderen erst einmal abklingen! Deshalb ist es oft nützlich, einen Brief oder ein Fax zu schicken. Denn bei der schriftlichen Entschuldigung können Sie sich Ihre Worte in Ruhe überlegen.
- Nehmen Sie sich nicht zu lange Zeit! So manche Freundschaft hat schon einen empfindlichen Knacks bekommen, weil man zu lange wartete, bis man sich zu einer Entschuldigung durchgerungen hatte.
- Ein Entschuldigungsbrief sollte mit der Hand geschrieben werden. Ausnahme: Ihre Handschrift ist wirklich unleserlich. Aber auch dann sollten Sie die Anrede und ein paar persönliche Worte von Hand schreiben.
- Mündlich entschuldigen Sie sich, wenn der Fall nicht so schwerwiegend ist: z. B. wenn Sie eine Kleinigkeit vergessen haben, wenn Sie jemanden im Bus anrempeln oder einem anderen die Tür im Supermarkt vor der Nase zufallen lassen.
- Ein Tipp am Rande: Begleiten Sie Ihre Entschuldigung mit einem freundlichen Lächeln – das wirkt Wunder und kommt doppelt so gut an.

Wie entschuldige ich mich im Berufsleben?

Vor allem bitte: möglichst schnell, sofort, wenn Sie einen Fehler bemerkt haben! Allein schon deshalb, um schlimmere Folgen zu vermeiden.

- Bei Verspätungen, die absehbar sind, entschuldigen Sie sich sozusagen »vorab« – das kann per Telefon oder Fax geschehen. Wenn Sie dann im

Betrieb eingetroffen sind, sollten Sie es aber nicht versäumen, nochmals ein paar Worte der Erklärung zu finden.

- Natürlich vermeiden Sie es bei jeder Entschuldigung, einen Fehler zwar einzugestehen, aber gleichzeitig einen anderen Sündenbock zu präsentieren (»Ich habe da zwar privat telefoniert, aber die Kollegen tun dies auch immer!«).

▶ *Muss ich meinen Fehler erklären?*

Manchmal reicht es z. B. aus, sich für eine Vergesslichkeit zu entschuldigen und hinzuzufügen: »Du weißt doch, wie zerstreut ich bin!« Oder Sie haben sich im Ton vergriffen und sagen: »Tut mir leid, dass ich so ausgerastet bin. Aber heute geht es bei mir einfach drunter und drüber...«

- Ausführlichere Erklärungen geben Sie ab, wenn Sie wirklich etwas Schwerwiegendes »verbockt« haben. Dann ist aber unter Umständen sowieso die schriftliche Entschuldigung die bessere Lösung.
- Vergessen Sie den Hinweis nicht, dass ein Fehler dieser Art nicht mehr vorkommen wird. Allerdings: Daran müssen Sie sich halten – sonst sind Sie bald nicht mehr glaubwürdig!

▶ *Wie sage ich Nein, ohne unhöflich zu wirken?*

Es ist überaus wichtig, Nein sagen zu können. Viele Menschen haben es nämlich geradezu perfektioniert, einem Anderen (ob in der Freundschaft, in der Familie oder im Beruf) Verantwortung zuzuschieben. Machen Sie sich bewusst, dass Ihre Ablehnung in solchen Fällen nichts mit Egoismus zu tun hat. Auch nicht damit, dass Sie etwas (z. B. im Beruf) nicht können. Sondern damit, dass Sie sich nicht ausnutzen lassen wollen.

- Bleiben Sie höflich, lehnen Sie mit einem Lächeln ab – aber entschuldigen Sie sich nicht, und suchen Sie auch nicht fieberhaft nach einer Ausrede.
- Wenn Sie Ihr Nein begründen, tun Sie das in klaren Worten – aber ohne Ihrem Gegenüber die Schuld für Ihr bisheriges Ja-Sagen zuzuschieben.
- Ihr Nein wird man dann akzeptieren, wenn es in einem freundlichen, aber bestimmten Ton vorgebracht wird.

- Sie sind nicht schnippisch oder feindselig, nicht hart und schroff im Ton, sondern höflich.
- Natürlich versagen Sie Ihre Unterstützung niemals in einem echten Notfall. Sie reagieren auch nicht mit einem Nein, nur um jemandem zu zeigen, dass Sie es können – also um Macht auszuüben.

Raucher und Nichtraucher

Nur wenige andere Themen werden heute so heftig diskutiert wie der berühmte »blaue Dunst«. Für die einen ist Pfeifen-, Zigarren- und Zigarettenqualm der Inbegriff von Gemütlichkeit und Entspannung, für die anderen hingegen eine nicht hinnehmbare Belästigung, ja sogar eine ernsthafte Gesundheitsgefährdung. Die wichtigste Grundregel für alle Raucher sollte schon deshalb lauten: Rücksichtnahme auf Nichtraucher auch da, wo kein offizielles Rauchverbot besteht!

▶ *Darf man stets rauchen, wenn ein Aschenbecher dasteht?*

Grundsätzlich gilt zwar die Regel: Wo ein Aschenbecher steht, darf geraucht werden. Ein höflicher Raucher wird dennoch immer erst seine Mitmenschen fragen, ob der Qualm sie stört. Ist dies der Fall, dann bleibt die Zigarette bitte in der Schachtel! Auch wenn das Rauchen gestattet ist, bläst man seinen Qualm anderen nicht direkt ins Gesicht. Im dichten Gedränge, z. B. in der überfüllten Fußgängerzone, sollten Sie als Raucher Vorsicht walten lassen: Wie schnell hat man versehentlich ein Loch in einen teuren und fremden Mantel gebrannt!

▶ *Wie wehre ich mich als Nichtraucher gegen den blauen Dunst?*

Reagieren Sie mit Höflichkeit, wenn ein Raucher Sie fragt, ob er sich eine Zigarette anstecken darf. Wenn Sie ablehnen: Tun Sie dies bitte in höflicher Form. Bissige Bemerkungen und ein unangemessen barscher Ton sind eindeutig fehl am Platze. Sie sollten niemals so weit gehen, dass Sie jeden, der seine Zigarette genießen will und dabei niemanden belästigt, aggressiv behandeln oder wie einen Aussätzigen meiden. Friedliche Koexistenz ist das

Ziel – und wenn Sie sich das »Mitrauchen« mit einem Lächeln und höflichen Worten verbitten, wird selbst der stärkste Raucher Rücksicht walten lassen.

▶ *Muss ich als Nichtraucher Raucher dulden?*

In kleiner, zwangloser Runde wird man sich rasch einigen: Entweder ist Rauchen erlaubt, oder die Raucher begeben sich auf den Balkon oder vor die Tür, wenn sie sich eine Zigarette anstecken wollen. Laden Sie zu einem größeren Fest, ist ein absolutes Rauchverbot kaum durchzuführen. Im Büro werden Sie sich am besten ebenfalls mit Ihren Kollegen einigen: Im Normalfall und wenn beide Toleranz walten lassen, wird das problemlos möglich sein. Auf die Frage »Darf ich rauchen?« können Sie zwar mit »Nein!« antworten. Sie können aber auch ein Stück Toleranz zurückgeben und den Nikotingenuss wenigstens in eingeschränktem Maße zulassen.

▶ *Wie benehme ich mich als ehemaliger Raucher?*

Bedenken Sie bitte: Sie kennen das Suchtproblem aus eigener Erfahrung. Sie sollten ein wenig Rücksicht nehmen und nicht zum Anti-Raucher-Fanatiker werden! Jeder hat Verständnis dafür, dass Sie besonders »allergisch« auf Nikotingeruch reagieren. Dennoch gilt gerade für »bekehrte Raucher«: Sie haben früher Toleranz erwartet – zeigen Sie sich jetzt ebenso duldsam.

▶ *Darf ich während des Essens rauchen?*

Rauchen während des Essens ist ein absoluter Verstoß gegen die Etikette. Wohl kaum jemand mag während eines köstlichen Mahles mit Nikotingeruch konfrontiert werden. Nach dem Aperitif und bis zum Digestif gilt deshalb generell Rauchverbot! Auch zwischen den Gängen eines Menüs ist das Rauchen tabu. Auf die Zigarette »danach« freuen sich Raucher jedoch ganz besonders – da ist es auch wieder erlaubt, sofern die Gesellschaft nichts dagegen hat.

▶ *Welche rauchfreien Zonen muss ich beachten?*

Auch ohne Hinweisschilder ist Rauchen an folgenden Orten verboten:

- Im Wartezimmer einer Arztpraxis.
- Im Krankenhaus (Ausnahme: spezielle Raucherzimmer).
- Im Krankenzimmer (zuhause wie in der Klinik).
- Im Kinderzimmer.
- Im Fahrstuhl.
- In einen fremden Auto (Ausnahme: Der Fahrer hat nichts dagegen).
- In einem fremden Büro.
- In der Wohnung von Nichtrauchern (Ausnahme: Sie haben um Erlaubnis gefragt).
- Auf der Tanzfläche.

Ich habe ein Haustier – was muss ich beachten?

Nicht alle Menschen sind tierlieb. Das müssen Sie akzeptieren, auch wenn Sie selbst ein Tier besitzen und es Ihnen über alles geht. Nehmen Sie Rücksicht auf Ihre Mitmenschen – in der Familie, in der Hausgemeinschaft und unterwegs.

▶ *Die wichtigsten Regeln für Tierhalter*

- Katzen halten Sie bitte von allen Personen fern, die unter einer Katzenhaar-Allergie leiden.
- Nicht nur Kinder haben Angst vor Hunden: Halten Sie Ihren bellenden Vierbeiner immer auf Distanz und selbstverständlich an der Leine, wenn Sie jemand Fremden begegnen. Gesetzliche Vorschriften wie Maulkorb- und Leinenzwang nehmen Sie bitte ernst.
- Achten Sie darauf, wo Ihr Hund seine »Geschäfte« erledigt: Man kann jedes Tier zur Sauberkeit erziehen. Ganz gewiss hat Hundekot nichts auf dem Kinderspielplatz, auf der Liegewiese oder dem Gehweg zu suchen. Hat Ihr Hund dennoch seine Notdurft an einem solchen Ort verrichtet, sollte es Ihnen eine Selbstverständlichkeit sein, die »Tretmine« zu entfernen. Sie sollten für solche Fälle ein »Notschäufelchen« bei sich tragen.
- Ruhestörung durch ständiges Gebell, lautstarkes Gemaunze oder einen stimmgewaltigen Papagei – es gibt unzählige Gerichtsverfahren zu die-

sem Thema. Erziehen Sie Ihre Tiere so, dass zumindest die Nachtruhe Ihrer Mitmenschen nicht gestört wird.

- Wenn Sie Leute zum Essen oder zum gemütlichen Beisammensein einladen, fragen Sie sich, ob Ihr Tier stört oder nicht. Vielleicht haben Sie einen oder mehrere Gäste, die Ihre Tierliebe nicht nachvollziehen können.
- Selbstverständlich haben Tiere nichts auf dem Esstisch zu suchen. Das sollte immer gelten – nicht nur wenn Sie Gäste haben.
- Wenn Sie eingeladen sind, erkundigen Sie sich vorher, ob Ihr Hund ebenfalls erwünscht ist. Akzeptieren Sie aber ohne Murren, wenn die Frage höflich mit Nein beantwortet wird.

Duzen und Siezen – wie ist's richtig?

Siezen ist die Regel all jenen Menschen gegenüber, die nicht zum Familien- oder Freundeskreis gehören. Es schafft höfliche Distanz und verhindert, dass sofort allzu große Vertraulichkeit aufkommt. Unter Erwachsenen ist es, wenn auch derzeit in abnehmendem Maße, üblich, sich mit Sie anzusprechen. Das Du ist keine Selbstverständlichkeit, sondern wird erst nach einer höflichen Anfrage erlaubt.

▶ *Wer bietet wem das »Du« an?*

Hier gilt eine ganz einfache Grundregel: Der ältere Mensch bietet dem jüngeren das Du an, außerdem der Ranghöhere dem Rangniederen.

▶ *Darf ich als Herr einer Dame das Du anbieten?*

Selbstverständlich – auch wenn das früher verpönt war. Das sieht man heute nicht mehr so eng. Als Mann dürfen Sie also durchaus von sich aus einer Kollegin oder guten Bekannten das Du anbieten.

▶ *Wann ist Duzen nicht angebracht?*

Duzen zeugt von mangelndem Respekt, wenn man beispielsweise

- ältere Menschen duzt, ohne sie zu kennen. Das gilt auch für Personal in Kliniken oder Pflegeheimen, das einfach »Oma« und »Opa« sagt.

- ausländische Mitbürger mit Du tituliert, weil man glaubt, sie kämen mit dem deutschen Sie nicht klar. (»Na, du verstehen?«)
- einen Untergebenen mit Du anspricht, um zu demonstrieren, dass man der Boss ist.
- Auszubildende duzt, weil sie jung sind und noch nicht ausgelernt haben.

Kann man ein Duzangebot ablehnen?

Das angebotene Du ist eine Ehre, die wir demjenigen zukommen lassen, den wir besser kennen als andere. Deshalb ist es nicht leicht, ein Duzangebot abzulehnen. Aber: Man darf es durchaus! Wenn Sie jemanden nicht duzen möchten, sollten Sie in jedem Fall einen guten Grund angeben. Sonst ist Ihr Gegenüber mit Recht brüskiert. Am besten formulieren Sie die Ablehnung also so, dass Sie einerseits Ihre Freude über den Vertrauensbeweis ausdrücken, im zweiten Satz dann aber erklären, aus welchem Grund Sie trotzdem ablehnen möchten. Gründe dafür sind z. B., dass Sie im Beruf keinen Präzedenzfall schaffen möchten oder sich im privaten Bereich nach einer kurzen Bekanntschaft noch nicht vertraut genug sind.

Muss ich Kollegen duzen, wenn es in der Firma üblich ist?

Um das Du kommen Sie nicht herum, wenn es in Ihrer Firma Geschäftspolitik ist. Vor allem bei skandinavischen Firmen ist dies üblich, denn im jeweiligen Heimatland sieht man diese Anrede nicht so persönlich. In allen anderen Fällen müssen Sie abwägen: Schließen Sie sich aus der Bürogemeinschaft aus, wenn Sie strikt beim »Sie« bleiben? Oder erkennt man es im Kollegenkreis an, dass Sie auf Distanz bedacht sind? Das können Sie nur für sich selbst in der jeweiligen Situation klären.

Soll ich einen Duzfreund immer mit Du ansprechen?

Manchmal kann es von Vorteil sein, das übliche Du kurzfristig zu »vergessen« – vor allem im Berufsleben und in den Medien. Es macht keinen guten Eindruck, wenn sich z. B. die Kontrahenten in einer Podiumsdiskussion (die privat befreundet sind) bei ihrer öffentlichen Debatte duzen. Im Geschäftsleben kann das Duzen vor Kunden unangebracht sein. Wer in der Öffentlichkeit auftritt – also in Rundfunk und Fernsehen – sollte sich mit einem eventuellen Duzpartner vorher einigen, wie man sich nun anspricht. Es kann auf Zuhörer und Zuschauer befremdlich wirken, wenn ein Moderator einen Gast (vor allem wenn es sich um einen Prominenten handelt) einfach duzt.

Auf gute Nachbarschaft

Fast jeder von uns hat Nachbarn – Menschen, die direkt in der Wohnung unter uns oder im Haus nebenan wohnen. Gute Nachbarschaft muss gepflegt und aufgebaut werden – und leider ist sie heute seltener geworden. Viel öfter hört und liest man von Streitigkeiten unter Nachbarn. Und fast jeder weiß von einem »bösen Nachbarn« zu erzählen, der einem unfreundlich begegnet und nur darauf zu lauern scheint, dass er einem das Leben schwer machen kann. Doch gerade in der Nachbarschaft gilt: Mit einem höflichen Gruß, einem Lächeln und ein paar freundlichen Worten kann man viel erreichen.

Wie lerne ich meine neuen Nachbarn kennen?

Sie können sich – zumindest in der unmittelbaren Nachbarschaft – bei jedem einzelnen vorstellen. Manchmal ist es auch besser zu warten, bis Wohnung oder Haus fertig eingerichtet sind, und die Nachbarn dann zu einem kleinen Umtrunk und damit verbundenen Kennenlernen einzuladen.

Wie vermeide ich nachbarschaftliche Unstimmigkeiten?

Die meisten Streitigkeiten entstehen wohl durch Lärmbelästigung. Dem können Sie vorbeugen – etwa indem Sie vorher mitteilen, dass es in Ihrer Wohnung heute etwas lauter wird: weil Sie Renovierungsarbeiten durchführen, weil Sie Möbel aufbauen, weil Sie ein Fest feiern. Trotzdem sollten Sie sich beim Renovieren an die »offiziellen« Zeiten der Hausordnung halten. Nach 22 Uhr sollten Sie die Bohrmaschine auf keinen Fall mehr betätigen und vor 8 Uhr morgens auch nicht. Rücksichtsvoll handeln Sie z. B. auch, wenn Sie beim frühmorgendlichen Start in den Urlaub den Kofferraum schon am Abend vorher beladen, um so den Lärm im Treppenhaus und vom Zuschlagen der Türen möglichst gering zu halten.

Darf ich Feste feiern, wann und wie ich will?

Überlaute Musik – ob bei einer Party in der Wohnung oder bei einem Gartenfest – muss nicht sein. In der Wohnung hält man höflicherweise Zimmerlautstärke ein, und wenn Sie eine Party feiern, sollten Sie sich vorher bei der Nachbarschaft wegen der eventuellen Lärmbelästigung entschuldigen. Aber auch dann halten Sie sich nach 22 Uhr besser zurück – sonst kann sich der Nachbar über Störung der Nachtruhe beschweren. Aber es geht auch anders: Laden Sie Ihren Nachbarn zur nächsten Party einfach mit ein. Allerdings können Sie nicht erwarten, dass er ebenso gerne feiert wie Sie. Spätestens einen Tag vor der geplanten Feier sollten Sie daher einen Rundgang machen und alle, die sich belästigt fühlen könnten, informieren. Diese höfliche Vorankündigung, verbunden mit einer kleinen Entschädigung in Form eines Blumenstraußes oder eines Fläschchens Sekt oder Wein hat schon manchen Partymuffel besänftigt.

Wie viel Trinkgeld gibt man Postboten und Müllmann?

Jedes Jahr aufs Neue stellt sich um die Weihnachtszeit oder den Jahreswechsel diese Frage. Deshalb diese Richtwerte:

- Etwa 5 Euro bzw. 10 Mark bekommen Postboten und Zeitungszusteller. Kennen Sie beide gut und leisten sie hin und wieder »Extradienste« (etwa Päckchen oder Zeitung aufheben, wenn Sie verreist sind), dann ist auch das Doppelte angebracht.
- Etwa 5 Euro bzw. 10 Mark pro Person bekommen Müllmänner sowie Zivildienstleistende im Alten- oder Pflegeheim.
- Etwa 10 Euro bzw. 20 Mark bekommen Ausfahrer, die Ihnen regelmäßig Waren oder Lebensmittel ins Haus bringen.
- Etwa 15 Euro bzw. 30 Mark bekommt der Babysitter, der zuverlässig ist und regelmäßig zu Ihnen kommt.
- Bis zu 50 Euro bzw. 100 Mark erhält eine gute Putzfrau.

Der gute Ton am Telefon

Wohl kein Mensch kann sich in unseren Breiten heute vorstellen, ohne Telefon auszukommen. Selbst Mobiltelefone sind aus dem täglichen Leben kaum mehr wegzudenken. Auch wenn die »fernmündliche« Kommunikation selbstverständlich geworden ist – einige Regeln der Höflichkeit gilt es dennoch zu beachten.

▶ *Gibt es heute noch »Telefonzeiten«?*

In fremden Privathaushalten sollte man nicht unbedingt später als 20 Uhr anrufen (das gilt selbstverständlich nicht unter guten Freunden, vor allem, wenn Sie denen die »Erlaubnis eines späten Anrufs« erteilt haben!). Wer besonderen Wert auf Höflichkeit legt, hält sich am besten an diese Kernzeiten:

- Rufen Sie werktags nicht vor 9.30 Uhr und nicht nach 20 Uhr an.
- Halten Sie die Mittagspause von 12.30 bis 14 Uhr ein.
- An Feiertagen und am Wochenende rufen Sie nicht vor 11 Uhr vormittags an.
- Ausnahmen: Notfälle und wenn Sie andere Vereinbarungen getroffen haben.

▶ *Wie meldet man sich am Telefon?*

Es scheint eine unausrottbare Sitte zu sein, das »Ja« oder »Hallo«, das einem Anrufer oft entgegenschallt. Bitte merken Sie sich: Es ist unhöflich, einen Anruf in dieser Form entgegenzunehmen, und dies gilt für private Telefonate ebenso wie für geschäftliche Gespräche. Nur wenn Sie eine Geheimnummer haben, dürfen Sie sich am Telefon mit »Hallo«, »Ja« oder »Bitte?« melden.

In allen anderen Fällen gilt: Sie melden sich mit Namen (unter Umständen auch dem Vornamen) sowie am besten mit einem »guten Tag«, »guten Morgen« oder »guten Abend«. In Familien oder Wohngemeinschaften sollte es selbstverständlich sein, sich mit Vor- und Zunamen zu melden. Dann ist dem Anrufer völlig klar, ob er mit Vater oder Sohn, Mutter oder Tochter spricht.

Was muss ich als Anrufer beachten?

Fragen Sie höflich, ob der Zeitpunkt für Ihren Anruf gerade passend ist oder ob Sie stören. Geben Sie Ihrem Telefonpartner stets Gelegenheit, sich auf das von Ihnen gewünschte Thema einzustellen. Im Geschäftsleben bereiten Sie sich sicher auf ein Telefonat vor – und auch privat kann dies manchmal nötig und hilfreich sein. Und wenn Sie sich einmal verwählt haben, dann legen Sie nicht einfach auf, sondern entschuldigen Sie sich für die versehentliche Störung.

Wie beende ich ein Telefonat?

Sie verabschieden sich höflich. Auf keinen Fall legen Sie den Hörer einfach auf, vielleicht sogar noch mitten im Satz. Selbst wenn Sie am Telefon eine Auseinandersetzung haben: So viel Zeit und Höflichkeit sollte sein, dass Sie sich verabschieden. Wenn Sie ein Gespräch abbrechen wollen (oder müssen), teilen Sie dies dem Anrufer mit, z. B. mit den Worten »Ich möchte dieses Gespräch jetzt beenden« oder »Ich muss jetzt Schluss machen«. Wenn möglich oder nötig, vereinbaren Sie dann einen anderen Zeitpunkt, an dem Sie das Telefonat fortsetzen.

Wie melde ich mich per Anrufbeantworter?

Achten Sie beim Ansagetext darauf, dass Sie nicht nur laut und deutlich sprechen, sondern sich außerdem kurz halten. Immerhin zahlt der Anrufer die Gebühren. Eigentlich genügen der Name des Anschlussinhabers, ein kurzer Hinweis darauf, dass nicht er selbst, sondern eben der Apparat spricht, und unter Umständen die Telefonnummer. Selbst das übliche »Sprechen Sie bitte nach dem Piepston« muss heute nicht mehr zwingend mit aufs Band – jeder Fernsprechteilnehmer sollte inzwischen wissen, wann er seine Nachricht aufsprechen kann.

Muss ich mit einem Anrufbeantworter sprechen?

Zumindest Ihren Namen sollten Sie auf dem Band hinterlassen. Als Anrufer sprechen Sie laut, langsam und deutlich aufs Band. Die Angabe des Datums und der Zeit ist dabei besonders höflich – und unerlässlich, wenn Sie zurückgerufen werden wollen. Selbst wenn Sie ungern »mit einer Maschine« sprechen und unsicher sind: Da heutzutage nicht nur Geschäftsleute, sondern auch die meisten Privatpersonen solch ein Gerät haben, sollten Sie damit umgehen lernen.

Mobil telefonieren

Vor wenigen Jahren noch ein seltenes Statussymbol, heute eine Selbstverständlichkeit: das Mobiltelefon, bei uns auch Handy genannt. Eben weil fast jeder solch ein Gerät sein Eigen nennt, hat sich so manche Unsitte im Gebrauch eingeschlichen.

▶ *Wann und wo darf ich das Handy benutzen?*

- Erlaubt und unbedenklich: auf der Straße und auf öffentlichen Plätzen sowie im Hotelzimmer.
- Wenn man niemanden stört: im Zug, auf dem Flughafen, im Bahnhof und in der Hotelhalle. Im Auto ist das Telefonieren mit Handy nur mit Freisprecheinrichtung erlaubt.
- Nicht zu empfehlen: bei einem Empfang, im Restaurant, überhaupt bei gesellschaftlichen Anlässen, bei Geschäftsbesprechungen und Konferenzen.
- Ausnahme Nr. 1: das mittägliche Essen mit Kollegen im Biergarten oder dem Stammlokal, wo viele Geschäftsleute verkehren. Hier kann man das Handy eingeschaltet lassen, aber bitte: auf »leise« gestellt!
- Stillos: im Theater, Konzert, Kino oder bei einem Vortrag.
- Ausnahme Nr. 2: Es gibt sicher Berufe, bei deren Ausübung ein angeschaltetes Handy unerlässlich ist. Dazu zählen Ärzte, Börsenmakler u. Ä. Aber auch in solchen Fällen muss man das Telefon nicht laut schrillen lassen, sondern kann es stets auf »leise« oder auf Vibrationsalarm schalten.
- Absolute Tabuzonen: im Krankenzimmer, in Arztpraxen, bei Beerdigungen, in der Kirche und schon gar nicht beim Bewerbungsgepräch.
- Verboten: im Flugzeug, an Tankstellen und im Krankenhaus.

Anstandsregeln innerhalb der Familie

Die Benimmregeln, die man in der Öffentlichkeit befolgt, sollten auch zu Hause gelten. Es gibt keinen Grund, Familienmitglieder weniger zu achten oder aggressiver zu behandeln als andere Menschen. Wichtige Regeln sind:

- *Jedes Familienmitglied hat seine Intimsphäre – und die ist von allen zu respektieren.*
- *Das »stille Örtchen« wird auch als solches betrachtet.*
- *Dinge, die zur Körperhygiene gehören, verrichtet man nicht in Gegenwart anderer, sondern am besten im Badezimmer. Dazu gehört z. B. die Pflege von Finger- und Fußnägeln.*
- *Der Ton macht die Musik – dieser Satz sollte auch in der Familie gelten.*
- *Jedes Familienmitglied wird so behandelt, wie man selbst gern behandelt werden möchte.*

Wie zeige ich dem anderen Respekt?

Sie verhalten sich dem Ehe- oder Lebenspartner gegenüber wie anderen Familienmitgliedern höflich und zuvorkommend. Selbst wenn es Ihnen manchmal schwer fällt. Auch nach langen Jahren des Zusammenlebens sollten Sie Unsitten wie schlampige Kleidung oder ungepflegte Erscheinung nicht einreißen und zur Regel werden lassen.

Zu den Anstandsregeln unter Ehe- bzw. Lebenspartnern und innerhalb der Familie gehört es auch, dass Sie

- selbstverständlich immer »Bitte« und »Danke« sagen.
- Ihrem Partner bzw. Ihrer Partnerin gegenüber zuvorkommend und hilfsbereit sind.
- anrufen, wenn Sie später nach Hause kommen – nicht, damit Sie sich unter »Kontrolle« begeben, sondern um zu verhindern, dass der andere sich Sorgen macht.
- es als selbstverständlich ansehen, dass Ihr/e Partner/in weiß, wo Sie sich aufhalten.
- eine kurze Nachricht hinterlassen, wenn Sie unvorhergesehen aus dem Haus müssen.

Wie bringe ich Kindern »Manieren« bei?

Wer als Elternpaar den gesunden Menschenverstand walten lässt und seinen Kindern das gute Beispiel vorlebt, wird sicher weniger Probleme haben, dem Nachwuchs gutes Benehmen beizubringen. Kinder haben wie jeder Mensch das Recht auf Respekt: Deshalb achten Sie darauf,

- Kinder niemals in der Öffentlichkeit zu maßregeln. Für die Kleinen ist dies beschämend und für unfreiwillige Zuschauer oft peinlich.
- Ungehorsam und Unsinn nie herunterzuspielen, sondern Ihren Kindern klare Grenzen zu setzen.
- körperliche Strafen unbedingt zu vermeiden. Erklären Sie dem Kind lieber in ruhigen Worten, was es falsch gemacht hat: Das zeigt nachhaltigere Wirkung.
- die »Babysprache« zu vermeiden. Sprechen Sie in einfachen Worten und Sätzen. Dann lernt Ihr Kind auch gleich richtig sprechen.
- auf Disziplin und Selbstbewusstsein Wert zu legen. Beide sind nicht nur ein Ausdruck von Höflichkeit, sondern auch ein notwendiges Muss für Kinder. Disziplin heißt z. B., dass man mit einem Kind an der Supermarktkasse vorbeigehen kann, ohne dass es nach Süßem quengelt. Und Selbstbewusstsein ist wichtig, damit Kinder lernen, eigene Wünsche zu äußern und auch deutlich Nein zu sagen.
- die Intimsphäre Ihres Kindes zu respektieren. Klopfen Sie also an, bevor Sie das Kinder- bzw. Jugendzimmer betreten. Das gilt auch für Badezimmer und Toilette. Und dazu gehört auch das Tagebuch oder die »geheime« Schublade, in dem Ihr Kind seine Schätze aufbewahrt.
- Vertrauen zu zeigen! Nur dann wird Ihr Kind Ihnen auch Vertrauen entgegenbringen.
- ehrlich und aufrichtig zu sein – immer! Wenn Ihr Kind Sie etwas fragt, muss es die Gewissheit haben, dass es nicht angelogen wird.

Was sollten auch kleine Kinder bei Tisch »können«?

- Man greift erst zu, wenn alle am Tisch sitzen.
- Es klingt unappetitlich, die Suppe zu schlürfen.

- Man bedient sich nicht nach Lust und Laune aus den Schüsseln und Töpfen, schon gar nicht mit den Fingern.
- Mit vollem Mund spricht man nicht.
- Lippen werden nicht am Ärmel, sondern an der Serviette abgewischt.
- Aufgestanden wird erst, wenn alle mit dem Essen fertig sind.

Am Krankenbett

Niemand geht gerne in ein Krankenhaus, auch als Besucher nicht. Man ist befangen, fühlt sich unwohl, weiß nicht so recht, wie richtig mit der Situation umzugehen ist. Einzige Ausnahme ist der Besuch bei einer jungen Mutter – er ist wohl stets ein freudiges Ereignis. In den meisten Fällen jedoch wird das Betreten eines Krankenhauses eher unangenehme Gefühle in uns wachrufen.

▶ *Wie verhalte ich mich beim Krankenbesuch?*

Zeigen Sie Ihre Sorgen um den Patienten nicht allzu deutlich. Nehmen Sie Anteil, aber muntern Sie den Kranken außerdem auf. Seien Sie aber auch nicht zu fröhlich. Lärm, laute Rufe und andere störende Geräusche gehören nicht ins Krankenzimmer – und auch nicht auf den Klinikflur.

▶ *Wann ist der richtige Zeitpunkt für einen Besuch?*

Klären Sie vorher ab, ob Ihr Besuch überhaupt erwünscht ist. Am besten geschieht dies telefonisch. Formulieren Sie Ihre Frage so, dass der Kranke ablehnen kann, ohne dass Sie deshalb schlecht auf ihn zu sprechen sind. Viele Menschen wollen gerade im Krankheitsfall nicht besucht werden – das sollten Sie respektieren. Heute gibt es in den meisten Kliniken keine strengen Besuchszeiten mehr, sondern eher Richtwerte. Nur in äußersten Ausnahmefällen sollten Sie jedoch nach 20 Uhr abends und vor 9 Uhr morgens auftauchen. Sprechen Sie sich mit der Familie und dem Freundeskreis ab, wer wann zu Besuch kommt. Fragen Sie vorab auch telefonisch bei der Stationsschwester oder dem behandelnden Arzt an, ob der Patient überhaupt Besuch empfangen darf.

Wie lange sollte ein Krankenbesuch dauern?

Ob in einer Klinik oder in den eigenen vier Wänden: Bleiben Sie nicht zu lange, selbst wenn Ihr Besuch dem Patienten Freude zu machen scheint. Vergessen Sie bitte nicht: Sie besuchen einen Kranken oder Rekonvaleszenten, der noch Ruhe braucht, um wieder zu Kräften zu kommen. Eine halbe Stunde, längstens 60 Minuten sind für den Besuch am Krankenbett ausreichend.

Welche Gesprächsthemen sind angebracht?

Gehen Sie rücksichtsvoll auf die Erzählungen, Klagen und natürlich auch heitere Episoden aus dem Klinikleben ein. Selbst wenn es Ihnen manchmal auf die Nerven geht – für den Kranken ist das Gespräch über sein Leiden Balsam auf der Seele. Keinesfalls aber sollte man den ohnehin labilen Gemütszustand des Kranken noch mit Erzählungen und Vergleichen eigener Leiden oder denen Dritter belasten. Halten Sie sich als Besucher zurück und hören Sie zu. Aber sitzen Sie nicht einfach nur still da! Gehen Sie behutsam auf den Kranken ein, stimmen Sie ihm zu und beruhigen Sie ihn, ohne ihn zu langweilen.

Was eignet sich als Mitbringsel?

- Blumen: am besten kleine Sträuße, vor allem aus Blüten, die nicht zu stark duften. Bitte: Keine Topfpflanzen! Und keine Trockensträuße: Sie sind Staubfänger. Achten Sie auf die Blumenauswahl, denn manche Blüten gelten als »Totenblumen«. Dazu rechnet man weiße Astern, Callas, Chrysanthemen, Hortensien, Lilien und Nelken.
- Lebensmittel wie Pralinen, Obst, Säfte u. ä.: Bitte vorher abklären, was der Patient essen darf!
- Radio, Kassettenrekorder, CD-Player und Fernsehapparat: nur wenn andere Patienten nicht gestört werden.
- Kassette oder CD: wenn Sie wissen, dass der Patient seinen Walkman oder CD-Player dabei hat. Sehr gut geeignet sind z. B. Hörspiele oder Hörbücher auf CD bzw. Kassette.

Lebensart in der Öffentlichkeit

Außerhalb der eigenen vier Wände geht man miteinander etwas anders um als im engen Freundes- und Familienkreis. Hier stellt man sich automatisch der Beobachtung durch fremde Personen. Und deshalb muss man sich besonders »vorsehen«, deshalb möchte man jeden kleinen Fehler vermeiden. Auch in der Öffentlichkeit jedoch gilt: Verhalten Sie sich möglichst natürlich – aber seien Sie stets höflich und taktvoll. Natürlich ist auf der Straße, im Restaurant, in öffentlichen Gebäuden oder bei Veranstaltungen mehr Zurückhaltung als im privaten Kreis erforderlich. Das fängt schon bei der Begrüßung an.

Gruß und Begrüßung

Einem Gruß muss kein Gespräch folgen, er ist lediglich ein höfliches Signal des Respekts – auch an einen Nachbarn oder Kollegen, mit dem Sie vielleicht nicht so gut »können«. Mit einem Gruß geben Sie zu erkennen, dass Sie jemanden gesehen und erkannt haben. Zu jedem Gruß gehören der Blickkontakt und ein freundliches Lächeln. Bei der Begrüßung dagegen richten Sie das Wort an Ihr Gegenüber und reichen ihm eventuell die Hand.

Wie begegne ich guten Freunden?

Selbst die größte Wiedersehensfreude wird man auf der Straße, im Restaurant oder an anderen öffentlichen Orten nicht allzu laut und überschwänglich ausdrücken. Verhalten Sie sich eher unauffällig – auch so kann man seine Gefühle ausdrücken!

Wer grüßt wen zuerst?

Die Grundregel lautet: »Ladies first!«. Diese Vorschrift wird dann durchbrochen, wenn Sie mehr als fünf Personen auf einmal begrüßen. Dann gehen Sie der Reihe nach vor. Davon abgesehen grüßt stets zuerst, wer einen Raum betritt (dies gilt für das private Zimmer ebenso wie für ein Restau-

rant) und wer als Einzelner auf eine Gruppe zukommt. Ältere Menschen folgen noch oft der Regel, dass der »Niedrigergestellte« den »Höhergestellten« (und das ist der Ältere dem Jüngeren gegenüber bzw. die Dame dem Herrn) zu grüßen hat.
Ein höflicher Mensch wird lieber einmal »zu viel« oder »zu früh« grüßen als steif abzuwarten, ob die ihm zuerst »zustehende« Begrüßung auch wirklich erfolgt.

Wann grüße ich in jedem Fall?

Sie grüßen andere Menschen, wenn Sie

- ein Eisenbahnabteil betreten. Im Großraumwagen richten Sie Ihren Gruß lediglich an Ihre Sitznachbarn.
- sich im Flugzeug, im Bus oder anderen Verkehrsmitteln neben einen anderen setzen.
- in ein Wartezimmer kommen.
- ein kleineres Geschäft oder Restaurant betreten.
- in einen Fahrstuhl einsteigen.
- in ein fremdes Bürozimmer kommen. Das gilt auch für Behörden und Ämter.
- andere Personen auf einem Hotelflur treffen.
- in Ihrer Firma Besucher oder andere Fremde treffen.
- in einem Supermarkt oder Kaufhaus einen Verkäufer etwas fragen. Beim Bezahlen an der Kasse ist ein Gruß ebenfalls angebracht.

Darf ich beim Begrüßen die Hand in der Tasche behalten?

Es hat nichts mit Respektlosigkeit zu tun, wenn dies Sie in einem lockeren Gespräch (selbst in einer beruflichen Situation) tun. Das gilt auch für Damen – wobei die Hand sowohl in der Jacken-, als auch in der Hosentasche bleiben darf.
Beachten Sie aber bitte: Bei einer Begrüßung und beim Vorstellen bezeugen Sie Ihrem Gegenüber Respekt, wenn Sie die Hand aus der Tasche nehmen.

Muss ich aufstehen, wenn ich jemanden begrüße?

Als Herr stehen Sie normalerweise auf, wenn Sie jemanden begrüßen – nicht nur bei einer Dame, sondern prinzipiell. Als Dame dürfen Sie zwar sitzen bleiben. In vielen Situationen ist es aber sicher höflicher, wenn Sie sich erheben.

Reicht man sich stets die Hand zum Gruß?

Wir Deutschen sind eines der wenigen Völker, bei denen der Handschlag zur Begrüßung ganz selbstverständlich dazu gehört. Nach internationalen Regeln reicht man sich lediglich die Hand, wenn man

- sich zum ersten Mal begrüßt bzw. kennen lernt.
- sich für längere Zeit von jemandem verabschiedet.
- jemanden nach einem größeren Zeitraum wieder trifft.

Wann ist der Handschlag unnötig?

Dies entscheiden Sie nach der Situation:

- Sie werden die Kollegen im Büro nicht tagtäglich reihum mit Handschlag begrüßen. Geht ein Mitarbeiter jedoch für ein paar Wochen in Urlaub oder in Kur, ist der Handschlag durchaus üblich.
- Sie strecken einem Bekannten nicht die Hand hin, wenn er schwer beladen aus dem Supermarkt kommt.
- Sie grüßen nicht mit Handschlag, wenn Sie Freunde im Restaurant treffen, während diese gerade speisen.
- Sie warten als sehr junger Mensch ab, wenn Sie einen wesentlich Älteren oder einen Vorgesetzten treffen: Da macht es schlechten Eindruck, wenn Sie als Erster die Hand zum Gruß reichen.

Wie halte ich es mit dem Handkuss?

Die einzige Regel, die Sie als Herr zu beachten haben: Im Berufsleben hat der Handkuss nichts verloren! Im Privatbereich dagegen können Sie es halten wie Sie wollen. Sie wissen sicher: Der Handkuss ist kein echter Kuss. Sie ziehen die Hand der Dame auch nicht zu sich empor, sondern beugen sich darüber. Und ein paar Zentimeter über dem Handrücken küssen Sie formvollendet – in die Luft. Dann verharren Sie kurz und richten sich wieder auf. Noch ein Hinweis: Der Handkuss sollte auf geschlossene Räumlichkeiten (wozu in diesem Fall auch eine Terrasse zählt) beschränkt bleiben. Auf der Straße wirkt er mit Sicherheit deplatziert.

▶ *Wie verhalte ich mich als Frau beim Handkuss?*

Als Dame müssen Sie diese Form der Begrüßung zumindest in der Öffentlichkeit bitte akzeptieren – selbst wenn Sie dafür eigentlich nichts übrig haben. Lassen Sie es nicht auf eine Rangelei ankommen: Nichts wirkt peinlicher als eine Dame, die sich energisch gegen den Handkuss-Kavalier wehrt.

▶ *Wie gehe ich mit einem Kuss oder Bussi zur Begrüßung um?*

Das heute übliche Begrüßungsbussi ist meist mit einer leichten Umarmung verbunden und wird ebenfalls nur angedeutet. Nur wirklich innige Freunde und Familienangehörige küssen dabei tatsächlich die Wangen. Bevor es zu Verwirrung kommt, hier der richtige Ablauf: Man küsst normalerweise zweimal, erst links dann rechts.

Sich und andere vorstellen

Eine »förmliche« Vorstellung dient nicht nur dazu, Menschen miteinander bekannt zu machen. Sie kann auch gleich die Frage des Duzens oder Siezens klären, und sie erleichtert den Gesprächseinstieg.

▶ *Wie stelle ich Fremde einander vor?*

Es gibt nur zwei Regeln, die Sie beherzigen sollten:

- Der Name eines Herrn wird vor dem der Dame genannt.
- Die offensichtlich jüngere Person wird der älteren vorgestellt.
- In einer Gruppe stellt am besten derjenige die anderen vor, der alle oder die meisten der Beteiligten kennt. Und das kann – im Gegensatz zu früher – auch die Dame sein!

Was sage ich bei der Vorstellung?

Wenn Sie andere mit einander bekannt machen, tun Sie dies in schlichten Worten. Veraltet sind solche Floskeln wie »Gestatten Sie, dass ich bekannt mache?« oder: »Erlauben Sie mir, Ihnen ... vorzustellen?«
Vermeiden sollten Sie auch scheinbar lässige Formulierungen wie beispielsweise »Hallo Leute, ich bin der Michael aus Köln-Porz!« oder die aus den James-Bond-Filmen stammende Phrase »Mein Name ist Müller. Andreas Müller!«. Hüten Sie sich auch vor so altertümlichen Worten wie »Gattin«, »Gemahlin« u. Ä.

Wie stelle ich mich selbst vor?

Blicken Sie Ihr Gegenüber offen und freundlich lächelnd an, und nennen Sie deutlich Ihren Namen: »Guten Tag, ich heiße ...« oder »Guten Tag, mein Name ist ...«. Sie können durchaus gleich Ihren Vornamen ins Spiel bringen. Wenn Sie wollen, können Sie außerdem verraten, welche »Funktion« Sie in der Gruppe haben: »Ich bin die Stellvertreterin von Herrn ...«, »Ich bin ein Freund des Hausherrn« oder »Ich arbeite in der Versandabteilung«.
Wenn Sie einen Titel wie Doktor oder Professor tragen, ist es stilvoll, dies bei der Selbstvorstellung nicht zu erwähnen. Sie stellen sich auch nicht selbst mit dem Zusatz »Ich bin Herr/Frau ...« vor!

Ist die Vorstellung mit Vornamen die Erlaubnis zum Duzen?

Stellt sich jemand mit den Worten vor«: Guten Tag, ich bin Christina!« (nennt also nur den Vornamen), so ist dies die stillschweigende Erlaubnis zum Duzen.

Was entgegne ich auf eine Vorstellung?

Man murmelt heute keine Entgegnungsfloskeln mehr. Sagen Sie lieber klar und deutlich »Ich freue mich, Sie endlich kennen zu lernen« oder »Wie schön, dass wir uns treffen!« Aber bitte nicht »Sehr erfreut« oder »Angenehm« oder gar »Ich habe die Ehre«!

Reicht man sich beim Vorstellen die Hand?

Der Händedruck gehört gerade bei der Vorstellung immer noch zur Begrüßung. Hierbei reicht die Dame dem Herrn zuerst die Hand, ältere Personen strecken jüngeren die Hand hin. Wichtig dabei: Halten Sie Blickkontakt, verbunden mit einem freundlichen Lächeln.

Wie verhalte ich mich, wenn ich einen Namen nicht verstanden habe?

Am besten fragen Sie sofort nach. Die passende Formulierung: »Verzeihung, ich habe Ihren Namen nicht verstanden«.

Wie gehe ich mit der Visitenkarte um?

Visitenkarten sind eine gute Möglichkeit, sich namentlich kennen zu lernen. Sie reichen dem anderen Ihre Karte nach der Vorstellung durch eine andere Person. Stellen Sie sich selbst vor, reichen Sie Ihre Karte nach dem Händedruck.
Eine Visitenkarte sollte selbstverständlich immer »wie neu« sein – also weder geknickt noch angeschmutzt. Handschriftliche Ergänzungen sind eigentlich nicht erlaubt – es sei denn, Sie weisen Ihr Gegenüber darauf hin, dass Sie aus Zeitmangel (etwa wegen eines Umzugs oder einer Änderung der Telefonnummer) noch keine neuen Karten drucken lassen konnten.

Welche Informationen sind auf der Visitenkarte enthalten?

Auf einer Geschäftskarte findet man neben dem Namen zusätzliche Informationen: Beruf und Position, Adresse, Telefon- und Faxnummer sowie die Email-Adresse. Auch eventuelle akademische oder Adelstitel können Sie auf Ihre Visitenkarte drucken lassen – das ist praktisch, denn bei der Selbstvorstellung nennen Sie den eigenen Titel ja keinesfalls. Bei privaten Visitenkarten fehlen in der Regel Berufs- oder Titelangaben. Sie enthalten lediglich den »nackten« Namen und die Anschrift mit privater Telefonnummer, Faxnummer und E-mail-Adresse.

▶ *Bei welchen Gelegenheiten ist eine Vorstellung unnötig?*

Sie müssen sich nicht vorstellen, wenn Sie

- an einem Informationsschalter um eine Auskunft bitten
- nach dem Weg, nach einer Straße oder nach der Uhrzeit fragen
- sich im Restaurant zu Fremden an den Tisch setzen oder wenn Fremde an Ihrem Tisch Platz nehmen
- sich im Wartezimmer beim Arzt oder Anwalt befinden
- auf Reisen einchecken
- auf Reisen in Bahn, Bus oder Flugzeug neben einem anderen sitzen
- an der Haltestelle warten
- sich im Fahrstuhl befinden

Die Einladung zu einem offiziellen Ereignis

Wer in die »Verlegenheit« kommt, zu einer offiziellen Feier, einem Bankett oder einer anderen Veranstaltung (übrigens auch in einem kleineren oder privaten Kreis) eingeladen zu werden, wird sich besonders bemühen, bei diesem Ereignis keinen Fauxpas zu begehen. Das beginnt damit, dass Sie die richtige Kleidung wählen, auch wenn auf der Einladung nichts Besonderes vermerkt ist. Aber auch Ihr Auftritt sollte perfekt sein – von der Begrüßung durch den Gastgeber bis zur richtigen Anrede, von einer eventuellen Absage bis hin zur Verabschiedung.

▶ *Woher weiß ich, welche Art Fest mich erwartet?*

Normalerweise wird dies auf der Einladung vermerkt sein. Ist dies nicht der Fall, können Sie die Art des Festes in der Regel an der Uhrzeit ablesen, für die eine Einladung ausgesprochen wird. Darauf stimmen Sie Ihre Kleidung ab. Allgemein gelten folgende Anfangszeiten:

- Frühstück zwischen 8.30 bis 9.30 Uhr.
- Frühschoppen sonn- oder feiertags zwischen 10 und 11 Uhr.
- Brunch zwischen 11 und 12 Uhr.
- Vormittagsempfang zwischen 11 und 13 Uhr.
- Mittagessen nicht vor 12 Uhr (Ende um 14 Uhr).

- Nachmittagsempfang zwischen 14.30 und 16.30 Uhr.
- Tafel mit Kaffee und Kuchen zwischen 16 und 17.30 Uhr.
- Fünf-Uhr-Tee zwischen 17 bis 18 Uhr.
- Formelles Abendessen zwischen 19 und 21 Uhr.

Welche Kleidungsvorschriften muss ich beachten?

Sie richten sich am besten nach dem Zeitpunkt, der für den Beginn des Festes angegeben ist (siehe oben). Bei der Einladung zu einer offiziellen Veranstaltung wird wahrscheinlich ein Kleidungsvermerk nicht fehlen. Dabei beachten Sie bitte:

- Bei formellen Feiern, die tagsüber stattfinden, weist der Vermerk »Geschäftsanzug« oder »Businesskleidung« auf den entsprechenden Rahmen hin.
- Für abends gelten immer noch die traditionellen Hinweise, und zwar nur für die Herren (die Dame muss von alleine wissen, was dies dann bedeutet):
- »Schwarzer/dunkler Anzug/Uniform« oder Smoking: Er wird mit schwarzem Binder getragen, deshalb in Frankreich der Hinweis »cravate noir«, im Englischen »black tie«, in USA »tuxedo«.
- Der Frack wird mit weißer Fliege getragen, deshalb in Frankreich der Hinweis »cravate blanche« bzw. in Großbritannien und USA »white tie«. Zum Frack werden auch Orden angelegt.
- Die Formulierung »Abendgarderobe erwünscht« oder »festliche Kleidung erbeten« lässt Ihnen mehr Spielraum. Sie können dann durchaus ein buntes oder modisch flippigeres Outfit wählen.

Wie reagiere ich auf eine Einladung?

Das oberste Gebot: so schnell wie möglich. Und zwar in jedem Fall – also entweder mit einer Zusage oder mit einer Absage (siehe unten). Auf eine Einladung gar nichts von sich hören zu lassen, ist unhöflich und zeigt, dass Sie Ihrem Gastgeber und seinen Bemühungen nicht gerade Respekt entgegenbringen. Zudem hindern Sie ihn daran, genau zu planen und entsprechende Vorbereitungen zu treffen. Der in der Einladung angegebene Termin ist die äußerste zeitliche Grenze, die der Gastgeber Ihnen vorgibt – kommen Sie besser einer Nachfrage zuvor!

Was bedeuten Abkürzungen auf einer Einladungskarte?

»U.A.w.g.« (»Um Antwort wird gebeten«) weist Sie darauf hin, dass man auf die Einladung eine Zu- oder Absage erwartet. Die Buchstaben »R.s.v.p.« stehen für die französische Formulierung »Rèpondez s'il vous plaît« und bedeuten dasselbe. Ebenfalls aus dem Französischen stammt die Abkürzung »p.m.« für »pour mémoire« – zur Erinnerung. Damit wird vor allem der Gastredner nochmals auf die Einladung hingewiesen, nachdem bereits eine »Voranfrage« gestellt worden ist.
Die Abkürzungen »s.t.« und »c.t«. stehen für den Zeitpunkt des Beginns einer Veranstaltung: »s.t.« bedeutet dabei »sine tempore« – also ohne Zeitverlust und damit pünktlich. »c.t«. heißt »cum tempore« und weist darauf hin, dass man die »akademische Viertelstunde« später beginnen wird.

Wen darf ich mitbringen, wenn ich »in Begleitung« eingeladen bin?

Diese Formulierung bedeutet, dass Sie nicht nur Ehe- oder Lebenspartner, sondern auch eine andere Person mitbringen dürfen – also auch erwachsene Kinder, Verwandte oder Freunde.
Der Hinweis dagegen »... laden wir Sie mit Ihrer Frau (Ihrer Lebenspartnerin) ...« (bzw. geschlechtsspezifisch neutral »... mit (Ehe-)Partner/in«) macht Ihnen deutlich klar, was gemeint ist: Sie bringen dann bitte auch nur Ihre/n Lebenspartner/in mit.

Was tun, wenn ich nicht pünktlich kommen kann?

Wenn Sie durch etwas Unvorhergesehenes daran gehindert werden, pünktlich zu erscheinen, gehört es sich, den Gastgeber so schnell wie möglich zu informieren – in diesem Fall auch per Telefon oder Fax.

Was tun, wenn ich plötzlich verhindert bin?

Auch hier reagieren Sie bitte schnellstens und sagen zumindest telefonisch, besser per Fax, ab. Das gilt auch für größere Veranstaltungen und vor allem dann, wenn der Gastgeber ein Essen geplant hat.

Gilt die Redensart »Je später der Abend, desto schöner die Gäste«?

Sie liegen falsch, wenn Sie glauben, Sie müssten Ihre Wichtigkeit durch Zuspätkommen demonstrieren. Damit beweisen Sie nur, dass Sie eben nicht wirklich wichtig sind, und dass Sie sich nicht benehmen können.

Wie sage ich eine Einladung ab?

Als höflicher Mensch reagieren Sie sofort! Telefonisch sagen Sie nur ab, wenn Sie die Gastgeber sehr gut kennen bzw. wenn auf der Einladung beim Vermerk »U.A.w.g.« eine Telefonnummer steht. Sonst halten Sie sich an die Regel: Auf schriftliche Einladungen reagiert man auch schriftlich. Liegt der Einladung eine Rücksendekarte bei, senden Sie diese mit dem entsprechenden Absagevermerk zurück.

Welche Richtlinien für Pünktlichkeit gelten, wenn auf der Einladung nichts vermerkt ist?

- Werden Sie zu einem warmen Essen geladen, müssen Sie auf die Minute pünktlich erscheinen.
- Das gilt auch bei einem Fest, das mit einem speziellen Musikstück oder einer Rede eröffnet werden soll.
- Bei einer Abendeinladung ohne Essen sollte man ungefähr pünktlich, auf keinen Fall aber mehr als 15 Minuten früher oder später kommen.
- Bei einem außergewöhnlich großen Fest, bei dem der Gastgeber unmöglich auf jeden einzelnen Gast achten kann, sowie bei einem Cocktailempfang ist Pünktlichkeit nicht unbedingt erforderlich.

Wen begrüße ich als Gast zuerst?

Als Gast begrüßen Sie bei einer Einladung stets die Gastgeberin, dann den Gastgeber, dann erst andere Gäste.

Wie spreche ich einen Gastgeber oder Gast richtig an, wenn er einen Titel trägt?

Die Grundregel lautet: Als höflicher Gesprächspartner nennen Sie so lange den Titel Ihres Gegenübers, bis dieser von sich aus klarmacht, dass dies nicht nötig ist.

Muss ich mich entschuldigen, wenn ich jemanden »falsch« anrede?

Titelträger stellen sich normalerweise nicht mit ihrem Titel vor. Deshalb muss es Ihnen nicht peinlich sein, wenn Sie eine Person nicht kennen und ganz normal mit »Herr« oder »Frau« ansprechen. Sie können nicht jeden Menschen kennen und wissen, welchen Titel er trägt. Wenn Sie sich höflich verhalten haben, wird man Ihnen den kleinen Fauxpas in der Anrede sicher nicht übel nehmen. Eine Entschuldigung ist dann unnötig, denn sie würde zu viel Wirbel um die im Grunde doch kleine Sache machen. Beim nächsten Treffen machen Sie es einfach richtig und sprechen denjenigen mit seinem Titel an.

Wie spreche ich jemanden mit einem akademischen Titel an?

Akademische Grade werden von wissenschaftlichen Hochschulen verliehen. Doktor, Professor oder auch der »Dr. h. c.« (»honoris causa« – ehrenhalber) zählen hierzu. Man spricht jemanden, der einen akademischen Grad innehat, mit dem Titel und nachfolgenden Namen an, also »Herr Doktor …«, »Frau Professor …«. Weibliche Sprachformen – »Frau Doktorin«, »Frau Professorin« – haben sich (noch) nicht durchgesetzt. Hat jemand mehrere akademische Titel, so wird er mit dem höheren angesprochen.

Wie spreche ich eine Person mit Prädikat oder Standestitel an?

Prädikate und Standestitel sind Bezeichnungen, die mit einem öffentlichen oder kirchlichen Amt verbunden werden. Auf die Anrede »Exzellenz« haben Staatsoberhäupter, Minister und Botschafter des Auslandes Anspruch. Kardinäle und Bischöfe wird man ebenfalls mit »Exzellenz« titulieren. Moderner und durchaus nicht unüblich ist aber auch die Anrede »Herr Kardinal« bzw. »Herr Bischof« – jeweils ohne Namensnennung. Monarchen dagegen spricht man mit dem Prädikat »Majestät« an.

Was sind Amts-, Ehren- und Funktionstitel?

Amtsbezeichnungen kennt man für die Inhaber öffentlicher Ämter.

- Auf Bundes-, Länder- und anderen Ebenen fallen darunter z. B. Bundesminister, Ministerpräsident, Regierungspräsident, Landrat, Bürgermeister, Staatssekretär, Ministerialrat, Amtsrat, Oberinspektor.
- In den Kirchen z. B. Kardinal, Bischof, Generalvikar, Domkapitular, Domdechant, Prälat, Pfarrer, Diakon.
- Bei diplomatischen Dienstgraden z. B. Botschafter, Gesandter, Konsul, Honorarkonsul.
- Ehrentitel werden zur Anerkennung besonderer Verdienste verliehen. Darunter fallen z. B. Kammersänger/in, Staatschauspieler/in, Ehrensenator/in.
- Funktionsbezeichnungen sind z. B. Vorsitzende/r, Direktor, Abteilungsleiter/in etc.

Wie rede ich eine Person mit Amts- oder Funktionstitel an?

Bei Amtsbezeichnungen, Ehrentiteln, Funktions- und Berufsbezeichnungen können Sie ganz nach Situation entscheiden, wie Sie jemanden begrüßen und ansprechen. Bei einem Fest, zu dem Sie den Bürgermeister in seiner Funktion als Gemeindeoberhaupt treffen, werden Sie ihn sicher mit »Herr Bürgermeister« ansprechen. Ist er dagegen auf eine private, aber

durchaus formelle Feier geladen, können Sie ihn auch »nur« mit seinem Namen anreden.
Ähnliches gilt für Funktionstitel: Bei einem Geschäftsseminar werden Sie den Chef der Firma als »Herrn Direktor ...« ansprechen. Auf einem privaten Treffen dagegen ist er »nur« ein »Herr ...«. Vorsicht: Es ist unüblich, jemanden als »Herrn/Frau Vizepräsident/in« anzusprechen. Man wählt hier den hierarchisch gesehen höheren Rang, sagt also »Herr/Frau Präsident/in«.

Wie rede ich einen Minister oder Staatssekretär an?

Als »normaler« Bürger müssen Sie niemanden mit seiner Amtsbezeichnung ansprechen und können also durchaus statt »Herr Minister« oder »Frau Staatssekretär« einfach nur den Namen nennen. Wollen Sie jemanden besonders ehren, lassen Sie jedoch seinen Titel nicht weg bzw. begrüßen ihn auch damit. Sie sagen also durchaus »Guten Abend, Herr Minister«. Die genauere Bezeichnung für Personen aus dem Bundeskabinett, also »Herr (oder Frau) Bundesminister«, ist dagegen nicht üblich.

Wie gehe ich mit Adelstiteln um?

Offiziell gibt es in Deutschland keinen Adel mehr – seit 1919. Deshalb sind auch die Anreden entfallen, die den Angehörigen adeliger Familien zustanden. Das Adelsprädikat ist zu einem Bestandteil des Namens geworden. Sie sprechen einen Adeligen entweder mit seinem Namen an – also »Herr von ...« oder »Frau von ...« – oder aber mit seinem Titel, dann aber ohne den Zusatz »Herr« bzw. »Frau«. Das klingt dann so: »Graf Hardenberg« – niemals »Herr Graf Hardenberg«, denn das »Herr« würde Sie in diesem Fall auf den Status einen Bediensteten setzen. Ebenso gilt dies für die weibliche Anrede – also »Baronin Gelnhausen«, und nicht »Frau Baronin Gelnhausen«. Eine Ausnahme ist übrigens der Titel des Freiherrn bzw. der Freifrau: Er wird in der Begrüßung nicht angewandt.
Hier ein kurzer Überblick über die gesellschaftlich immer noch üblichen Anrede bei Adeligen. Bitte beachten Sie: Akademische Grade werden jeweils vor dem Vornamen eingefügt.

Bezeichnung	*Mündliche Anrede*
Prinzessin/Prinz	Prinzessin/Prinz Name
Herzogin/Herzog	Herzogin/Herzog Name
Fürstin/Fürst	Fürstin/Fürst Name
Gräfin/Graf	Gräfin/Graf Name
Freifrau/Freiherr	Frau/Herr von (von der/zu) Name
Baronin/Baron	Baronin/Baron Name
Ritter	Herr von Name
Edler/Edle	Frau/Herr von (von der /zu) Name

▶ *Wie sieht die Tischordnung bei einer offiziellen Feier aus?*

Die Tischordnung ist – zumindest bei einem formellen Essen – Ausdruck einer gewissen Rangordnung. Grundsätzlich gilt: Je näher ein Gast dem Gastgeber sitzt, desto höher ist sein gesellschaftlicher Rang.

- Der ranghöchste Gast sitzt bei uns in Deutschland links von der Dame des Hauses, ist also ihr Tischherr. Die ranghöchste Dame sitzt rechts neben dem Hausherrn. International sind die Gepflogenheiten anders: Da sitzt der ranghöchste Gast rechts von der Gastgeberin.
- Rechts von der Dame des Hauses nimmt der zweithöchste Herr Platz, links neben dem Hausherrn die zweithöchste Dame.
- Von da an geht die Reihenfolge dem Rang und der Wertschätzung der Gäste weiter, wobei Ehefrauen stets den gleichen Rang innehaben wie ihre Ehepartner.
- Angehörige fremder Firmen oder Institutionen haben Vorrang vor denen der eigenen.
- Eine Besonderheit in der Tischordnung bilden geladene Künstler. Viele Gastgeber räumen ihnen einen höheren Rang als nach der »klassischen« Ordnung üblich und platzieren sie dementsprechend.

▶ *Wer ist Tischherr, wer ist Tischdame?*

In einer größeren Gesellschaft hat jede Dame ihren Tischherrn – nämlich denjenigen, der links von ihr sitzt. Er ist »zuständig« fürs Weiterreichen von

Speisen, für ausreichende Getränke und natürlich auch fürs Tischgespräch. Wenn Ihre Tischdame aufsteht, sollten Sie auch in großer Gesellschaft wenigstens andeuten, dass Sie sich ihr zu Ehren erheben.

▶ *Wie ist die Tischordnung bei einem privaten Fest?*

Im privaten Kreis spielt die Rangordnung keine so wichtige Rolle. Normalerweise achtet der Gastgeber darauf, keine Gäste nebeneinander zu platzieren, die sich ohnehin schon kennen – dies betrifft übrigens Ehepaare und Geschwister genauso. Einzige Ausnahme: Es gilt nicht als zuvorkommend, ein frisch verliebtes Paar getrennt zu platzieren. Grundsätzlich gilt jedoch auch im privaten Kreis:

- Je näher ein Gast dem Gastgeber sitzt, desto höher ist sein Rang oder desto wichtiger ist dem Gastgeber seine Anwesenheit.
- Gäste haben stets einen höheren Rang als Verwandte.
- Alter geht vor Jugend.
- Kinder (auch bereits erwachsene) besetzen keinen »Rang« im strengen Sinne. So ungewöhnlich es klingt: Ihre »Aufgabe« ist es, eventuelle Lücken am Tisch zu schließen.
- Bei ausländischen Gästen wird der Gastgeber darauf achten, sie nicht zu isolieren. Vielleicht ist jemand unter den anderen Gästen, der die Sprache beherrscht und ihm deshalb als Tischherr oder -dame behilflich sein kann.

▶ *Muss ich mich an Platzkarten oder Placement halten?*

Ganz eindeutig: Ja. Denn der Gastgeber hat vermutlich lange überlegt, wen er wohin setzt.
Bei Feiern mit großer Teilnehmerzahl gibt es oft keine Platzkarten, sondern das so genannte Placement: Eine Skizze des Tischs (bzw. der Tische), auf der die Plätze mit den Namen der einzelnen Gäste eingezeichnet sind. Das Placement wird am Eingang gut sichtbar aufgestellt, so dass jeder Gast sich gleich orientieren kann, wo sein Stuhl ist.
Auch hier gilt: Ein Austauschen der Plätze wäre eine grobe Unhöflichkeit!

Muss ich mich ins Gästebuch eintragen?

Es gibt keine Benimmregel, die erläutert, wie man mit der Forderung umgeht, »ein paar nette Worte ins Gästebuch zu schreiben«. Deshalb: Lassen Sie den gesunden Menschenverstand walten und fühlen Sie sich nicht unter Druck gesetzt, wenn Ihr Gastgeber Sie darum bittet. Nehmen Sie sich Zeit, blättern Sie ein wenig in dem Buch – vielleicht finden Sie eine Anregung, die Sie umsetzen können.

Was schreibe ich ins Gästebuch?

Bevor Sie mühsam etwas Gereimtes verfassen, lassen Sie den Abend noch einmal Revue passieren. Bleiben Sie schlicht und knapp – und schreiben Sie in einfachen Worten und Sätzen, was Ihnen positiv aufgefallen ist. In Ihrem Eintrag müssen Sie den Gastgeber nicht unbedingt persönlich ansprechen, Sie können dies aber tun.

Bringe ich ein Gastgeschenk mit?

Es zeugt von Höflichkeit, dem Gastgeber ein kleines Geschenk mitzubringen. Damit zeigen Sie, dass Sie sich über die Einladung gefreut haben und im Gegenzug Ihrem Gastgeber ebenfalls eine Freude bereiten möchten. Das Gastgeschenk ist gleichzeitig das Dankeschön für die Einladung.

Die meisten Gäste lassen es sich nicht nehmen, stets einen Strauß Blumen mitzubringen – das ist zwar nicht falsch, aber ein wenig einfallslos. Wenn Sie mit dem Gastgeber befreundet sind, können Sie durchaus etwas anderes, vielleicht Nützlicheres mitbringen. Übertreiben Sie es beim Wert Ihres Gastgeschenkes nicht.

Muss ich den Kindern meines Gastgebers etwas mitbringen?

Wenn Ihr Gastgeber kleinere Kinder hat, ist dies bei einem privaten Fest durchaus angebracht. Es sollte jedoch stets nur eine Kleinigkeit sein: ein Spielzeugauto, ein Buch, eine Märchenkassette, ein süße Leckerei. Lassen Sie sich entweder von Bekannten beraten, die selbst Kinder im entsprechenden Alter haben, oder fragen Sie direkt beim Gastgeber nach.

Wie übergibt man den Blumenstrauß an die Gastgeber?

Der Strauß wird stets während der Begrüßung an die Dame des Hauses überreicht. Sind die Gäste ein Paar, ist dies die Aufgabe des Herrn. Dabei halten Sie die Stiele der Blumen fest und streifen das Einwickelpapier nach oben ab. Sträuße in durchsichtiger Folie dagegen werden nicht ausgepackt.

Wie bedanke ich mich nach der Feier beim Gastgeber?

Als höflicher Mensch haben Sie sich gleich nach Erhalt der Einladung bedankt, spätestens jedoch mit Ihrer Zusage. Trotzdem sind Sie deshalb nicht von einem Dankeschön nach der Feier entbunden. Ihren Dank können Sie mündlich oder schriftlich ausdrücken. Am besten mündlich gleich beim Abschied, schriftlich am nächsten Tag. Sie sollten eine Karte oder einen Brief mit Dankesworten stets mit der Hand schreiben. Wenn Sie Ihren Gastgeber gut kennen, können Sie auch ein witziges Fax schicken.

Behörden, öffentliche Räume und Veranstaltungen

Nicht nur bei einem offiziellen Essen oder einer Einladung zu einer Veranstaltung stehen Sie in der Öffentlichkeit. Beim Besuch einer Behörde oder eines Arztes, ja selbst beim Einkaufen, im Kino, Theater oder in der Kirche sind Sie »eine öffentliche Person«. Dementsprechend werden Sie sich so benehmen, dass Sie keinen Anstoß erregen. Selbst wenn Sie – etwa vor Gericht – »im Recht« sind: Deshalb dürfen Sie sich nicht daneben benehmen und können sich gewiss nicht alles erlauben.

Wie benehme ich mich auf Ämtern und bei Behörden?

Selbst wenn Beamte »Staatsdiener« sind – wir haben nicht die Berechtigung, sie wie Bedienstete zu behandeln. Wenn Sie in einem Amt oder einer Behörde einen Raum betreten wollen, klopfen Sie selbstverständlich an und wünschen einen »guten Tag«, ehe Sie Ihr Anliegen vortragen. Ganz allgemein: Sie verhalten sich ebenso höflich, wie Sie es umgekehrt erwarten.

Wie verhalte ich mich vor Gericht?

Vor Gericht gilt in verstärktem Maße: Der erste Eindruck, den Sie durch Ihr Auftreten und Ihr Äußeres machen, ist entscheidend. Sie wirken nur dann glaubwürdig, wenn Sie sich entsprechend verhalten. Erscheinen Sie also im gepflegten Outfit, aber nicht »überangezogen«. Wahren Sie die Würde des Gerichts: einerseits mit Ihrer Kleidung (siehe unten), andererseits durch Ihr Verhalten: Sie benehmen sich nicht auffällig, kauen beispielsweise auch nicht Kaugummi. Seien Sie aufmerksam und hören Sie genau zu, was gesprochen wird und was Sie gefragt werden. Sprechen Sie deutlich und klar – und nur, wenn der Richter Sie dazu auffordert.

Was ziehe ich zu einem Gerichtstermin an?

Für die Dame empfiehlt sich ein dezentes Kostüm oder ein Hosenanzug. als Herr erscheinen Sie im Straßenanzug oder wenigstens in einer Kombination.

Muss ich Termine beim Arzt unbedingt einhalten?

Selbstverständlich und uneingeschränkt: Ja! Vereinbarte Termine sollten Sie einhalten – das gilt selbstverständlich nicht für Notfälle. Da es in den meisten Praxen üblich ist, den Patienten Termine zuzuteilen, richtet sich der gesamte Tagesablauf danach. Können Sie aus irgendeinem Grund nicht rechtzeitig oder gar nicht erscheinen, so informieren Sie die Sprechstundenhilfe.

Kann ich unangemeldet beim Arzt erscheinen?

Unangemeldete Arztbesuche sollten die Ausnahme sein und wirklich nur bei plötzlichen Krankheiten oder einem Unfall stattfinden. Sicher wird sich jeder Arzt bemühen, auch Patienten nach vorherigem Telefonat »einzuschieben«, deren Erkrankung man nicht unbedingt als Notfall bezeichnen kann. Unangemeldet in der Praxis aufzutauchen, gehört sich jedoch nicht!

Muss sich auch der Arzt an Termine halten?

Terminabsprachen sind übrigens auch für den Arzt verbindlich. Kein Patient muss heute Wartezeiten von mehreren Stunden in Kauf nehmen.

Wie verhalte ich mich im Wartezimmer?

Sie betreten das Wartezimmer, nachdem Sie sich bei der Sprechstundenhilfe angemeldet haben. Es gehört sich durchaus – falls die Türe geschlossen ist –, vor dem Eintreten anzuklopfen. Der Neuankömmling im Wartezimmer grüßt die bereits Anwesenden und fragt dann höflich, wer der Letzte vor ihm war. In der Regel wird die Sprechstundenhilfe die Patienten der Reihe ihres Erscheinens nach aufrufen.

Wie benehme ich mich im Sprechzimmer?

Oft ist es nötig, sich »freizumachen«, also die Kleidung abzulegen. Als vorausschauender Patient wissen Sie dies und ziehen sich deshalb von vornherein etwas an, das Sie leicht öffnen und ausziehen können. Es sollte eine Selbstverständlichkeit sein (ist es aber leider nicht!), dass man frische Kleidung trägt und auch frisch gewaschen erscheint. Allzu aufdringliches Parfüm, Make-up und Nagellack können eine umfassende Untersuchung erschweren, wenn nicht gar unmöglich machen. Oft sind ja Merkmale wie Körpergeruch, Beschaffenheit der Fingernägel oder die Gesichtsfarbe für die Diagnose aufschlussreich.

Wie bereite ich mich auf einen Klinikaufenthalt vor?

Die Vorbereitung beginnt mit der persönlichen Hygiene. Viele Schwestern, Pfleger und Hebammen klagen darüber, dass so mancher Patient es damit eben nicht so genau nimmt. Außerdem wichtig: die entsprechenden Arztunterlagen und Medikamente, die Sie ständig einnehmen. Überlegen Sie sich auch schon vorher, welche Fragen Sie wegen Ihrer Erkrankung vielleicht beantworten müssen: Sie erleichtern Arzt und Pflegepersonal die Arbeit, wenn Sie umfassend Auskunft geben können.

Wie verhalte ich mich als Patient im Krankenhaus?

Wenn Sie nicht schwer krank sind und keine strenge Bettruhe einhalten müssen, dürfen Sie normalerweise Ihr Krankenzimmer verlassen und herumlaufen. Dennoch passen Sie sich dem normalen Klinikalltag an:

- Stören Sie nicht den Ablauf des Betriebes. Schwestern und Pfleger sind nicht zu Ihrer Bedienung da, sondern um bei Ihrer Gesundung zu helfen.
- Zur Arztvisite müssen Sie in Ihrem Zimmer sein – kein Patient kann verlangen, dass man ihn erst zu suchen hat, wenn der Arzt ihn sehen möchte. Das gilt auch, wenn Sie einen Termin mit bestimmten Therapeuten haben: etwa zur Krankengymnastik oder zu einem Beratungsgespräch.
- Termine (EKG, Röntgen, Labor etc.) halten Sie bitte immer pünktlich ein: Sie werden in einer großen Klinik genauestens geplant, jede Verzögerung hält den ganzen Betrieb auf.
- Fernsehapparat und Radiogerät schalten Sie nur dann ein, wenn es Ihren Bettnachbarn nicht stört bzw. wenn keine Ruhezeiten herrschen.
- Rücksichtnahme, vor allem auch gegen Ihre Bettnachbarn, sollte Ihnen selbstverständlich sein. Das gilt auch für das Öffnen und Schließen von Fenstern oder Balkontüren, für Besuche und Telefonate.
- Mobiltelefone und andere elektronische Geräte (z. B. ein Laptop mit Modemanschluss) haben im Krankenhaus nichts zu suchen. Sie können die empfindlichen Untersuchungsgeräte stören.
- Wenn Sie viel Besuch bekommen und nicht im Bett bleiben müssen, gehen Sie am besten in die Cafeteria oder ins Besucherzimmer, das heute in vielen Kliniken vorhanden ist.

Wie bedanke ich mich beim Klinikpersonal?

Den Dank vor der Entlassung mündlich auszudrücken, ist wohl eine Selbstverständlichkeit: beim Pflegepersonal und natürlich auch Ihrem behandelndem Arzt. Fragen Sie bei der Stationsschwester nach: Oft gibt es eine »Kaffeekasse« auf der Station, in die man sein Dankeschön in klingender Münze hinterlassen kann. Die Summe liegt in Ihrem eigenen Ermessen.

Bin ich im Kaufhaus oder Supermarkt »König Kunde«?

Sie müssen es sich in keinem Warenhaus gefallen lassen, dass man Sie unhöflich oder patzig abfertigt. Fragen Sie höflich, aber bestimmt, ob der- oder diejenige zeigen könnte, wo Sie das Gewünschte finden. Sie haben das Recht, eine Ware zu prüfen, aber auch den Kauf abzulehnen, ohne dass Sie ein böser Blick trifft. Als Kunde haben Sie allerdings auch »Pflichten«: Benehmen Sie sich gegenüber Verkäufern nicht herablassend und arrogant! Seien Sie höflich, zeigen Sie Gelassenheit und Verständnis: Die Angestellten eines Kaufhauses stehen meist unter großen Stress. Wenden Sie sich in ruhigem und höflichem Ton an den Verkäufer. Bitte und Danke sollten Ihnen auch hier selbstverständlich sein!

Wie verhalte ich mich an der Kasse?

Niemand steht gerne in der Schlange an der Supermarktkasse. Aber deshalb müssen Sie nicht drängeln! Mit ein wenig Rücksichtnahme und Höflichkeit lässt sich diese Zeit des Wartens überbrücken.

Kino und Theater, Oper und Konzert

Für sämtliche kulturellen Veranstaltungen gilt:

- *Sie entschuldigen sich, wenn Sie für Unruhe sorgen.*
- *Sie nicken Ihren Sitznachbarn kurz zu und grüßen damit. Aber erst, wenn Sie Platz genommen haben.*
- *Sie rangeln sich nicht mit Ihrem Nachbarn um eine gemeinsame Armlehne, sondern arrangieren sich mit einem freundlichen Lächeln.*

Ist Essen und Trinken im Kino erlaubt?

Im Kino darf – ein Unterschied zum Theater! – vielfach geknabbert und getrunken werden. Popcorn gehört für viele Kinofans zum Filmbesuch einfach dazu, und natürlich dürfen Sie dies auch genießen. Aber: Ständiges Knistern und Rascheln mit Tüten sind für jeden Sitznachbarn nervtötend. Genießen Sie Ihre Knabbereien einigermaßen dezent und leise.

Wie entsorge ich leere Tüten und Flaschen?

Ganz gewiss nicht, indem Sie sie einfach liegen lassen! Entsorgen Sie Ihre Abfälle in die dafür vorgesehenen Behälter.

Was tun, wenn ich zu spät komme?

Im Kino haben Sie Glück – man wird Sie im Normalfall in den Vorführraum lassen. Und oft hat der Hauptfilm noch gar nicht angefangen. Dennoch stört es den Filmgenuss erheblich, wenn ein Nachzügler sich lange nach Beginn der Vorstellung im Dunkeln einen freien Platz suchen muss.
Im Theater und in der Oper bzw. im Konzert gilt die unumstößliche Regel: Zur Aufführung erscheint man absolut pünktlich, eher sogar ein wenig zu früh! In vielen Häusern ist es nämlich üblich, nach Beginn der Vorstellung niemanden mehr einzulassen – Sie haben die Chance dann erst wieder zum zweiten Akt oder nach der Pause.

Wie gehe ich als Nachzügler durch die Sitzreihen?

Das macht leider fast jeder falsch, obwohl einem der gesunde Menschenverstand die richtige Lösung eingeben sollte: Wenn Sie durch die Sitzreihe gehen, tun Sie dies mit dem Rücken zur Leinwand bzw. zur Bühne. Es gibt wohl kaum etwas Unhöflicheres, als jedem den verlängerten Rücken zuzuwenden, der seinen Sitzplatz schon eingenommen hat!
In Theater und Oper kennen Sie als Besucher Ihren Sitzplatz in der Regel schon vor Beginn der Vorstellung. Wenn Sie also wissen, dass Sie einen der Mittelplätze belegen, gehen Sie bitte schon ein paar Minuten vor Beginn bzw. dem letzten Aufruf an Ihren Platz. So verhindern Sie, dass alle anderen Zuschauer in der Reihe aufstehen müssen. Nach den Pausen gelten die gleichen Regeln wie zu Beginn des Stückes: rechtzeitig den Platz einnehmen, damit andere nicht unnötig behelligt werden.

Muss ich aufstehen, wenn ein Nachzügler seinen Platz in meiner Sitzreihe erreichen will?

Es ist in jedem Fall besser und höflicher, kurz aufzustehen, um den ohnehin schon sehr schmalen Durchgang zwischen den einzelnen Sitzreihen frei zu machen. Abgesehen davon ist es auch bequemer: Sie vermeiden, dass man Ihnen auf die Füße tritt, und der Nachzügler kommt besser an Ihnen vorbei.

An welche Kleiderordnung sollte ich mich halten?

Es gibt heute für Theater, Oper und Operette keine strenge Kleiderordnung mehr. Dennoch: Ein Besuch dieser kulturellen Einrichtungen ist etwas Besonderes, und dem sollten Sie mit entsprechend festlicher Kleidung Rechnung tragen. Bei Opernpremieren schreibt die Etikette sogar vor, dass Herren im Smoking oder dunklen Anzug, Damen in einem festlichen Cocktail- oder Abendkleid erscheinen. Damit will man auch dem Künstler gegenüber Respekt bezeugen – so entsteht nämlich im Zuschauerraum ein einheitlich festliches Bild. Etwas lockerer können Sie es im Theater angehen lassen, vor allem, wenn Sie z. B. eine Vorstellung der Werkstattbühne oder ein Volkstheater besuchen.

Was mache ich bei Hustenreiz während der Veranstaltung?

Wenn Sie unter einer heftigen Erkältung mit Husten, Niesen und Schnupfen leiden, verzichten Sie besser auf den Besuch des Kinos, des Theater- oder Musikstücks. Solche Körpergeräusche stören nämlich ganz erheblich.

Muss ich mein Mobiltelefon ausschalten?

Wenn Sie ins Kino, Theater oder gar in die Oper gehen, hat das Mobiltelefon aus zu sein. Schließlich wollen Sie sich dem Genuss der Vorführung hingeben! Auch Ihre Sitznachbarn werden nicht erfreut sein, wenn die künstlerische Darbietung durch Klingeltöne gestört wird.

Wie zolle ich richtig Applaus?

Im Theater wird üblicherweise nach jedem Akt applaudiert. Zwischendurch darf auch mal ruhig der so genannte »Szenenapplaus« erfolgen, wenn eine einzelne Szene dem Publikum besonders gefallen hat.
Beim klassischen Konzert wartet man mit dem Applaus bis zum Ende des ganzen Musikstücks. Wer ein Musikstück nicht kennt, hält sich an diesen Hinweis: Bleibt der Dirigent mit dem Rücken zum Publikum stehen, ist das Stück noch nicht zu Ende. Am Ende der Vorführung dreht der Dirigent sich um und wendet sich dem Publikum zu – dann dürfen Sie Beifall spenden.

Wie verhalte ich mich bei der Messe in einer Kirche?

Wenn irgend möglich, sollten Sie ein paar Minuten vor Beginn der Messe da sein. Zuspätkommen ist nicht nur unhöflich, sondern eine Respektlosigkeit den anderen Gläubigen gegenüber. Und der Geistliche fühlt sich gestört, weil in seiner Gemeinde Unruhe entsteht, wenn sich ein Nachzügler seinen Platz suchen muss. Wenn Sie wirklich aus wichtigem Grund zu spät kommen, verhalten Sie sich besonders leise und unauffällig. Auch deshalb, weil in einer Kirche jedes Geräusch überlaut hallt.

Darf ich dem Altar den Rücken zuwenden?

Wenn Sie sich in einer Kirche Ihren Platz suchen, tun Sie dies anders als im Kino: Sie wenden dem Altar stets Ihr Gesicht und damit Ihre Vorderseite zu. Wenn Sie sich sonst in der Kirche bewegen, verhalten Sie sich entweder Ihrem Glauben gemäß oder aber so, dass man stets merkt, dass Sie den Glauben und Ritus anderer respektieren.

Gibt es Kleidungsvorschriften für die Kirche?

Es gibt keine offiziellen Kleidervorschriften, aber durchaus Regeln, deren Einhaltung von Höflichkeit und Lebensart zeugt. Würdige und dem Anlass angemessene Kleidung ist empfehlenswert, als Dame sollten Sie weder in einem tief dekolletierten noch ärmellosen Kleid zur Messe kommen. Bei einer Trauung bleibt es allein der Braut vorbehalten, in Weiß zu erscheinen.

Verhalten im öffentlichen Raum

Zu Höflichkeit und gutem Benehmen gehört es selbstverständlich, auch in der Anonymität der Öffentlichkeit Ordnung und Sauberkeit zu bewahren. Man lässt die ausgebrannte Zigarette nicht fallen und schmeißt den gebrauchten Fahrschein von Bus oder Bahn nicht auf den Bürgersteig. Und schon gar nicht spuckt man Kaugummi einfach auf den Boden, denn sowohl von dort als auch von Schuhsohlen ist er außerordentlich schwer zu entfernen! Wenn Sie einen Hund haben, sollten Sie mit einem »Notschäufelchen« hinter ihm aufräumen.

Bei Tisch und im Restaurant

Ein appetitlich eingedeckter Tisch ist eine Augenweide. Wenn Sie selbst Spaß an Tischkultur haben, werden Sie dies nicht nur im feinen Restaurant genießen wollen, sondern auch daheim entsprechend eindecken. Erst recht, wenn Sie Gäste erwarten.

Fein essen zuhause

Selbstverständlich werden Sie zuhause nicht jeden Tag ein großes Menü servieren. Aber auch in den eigenen vier Wänden sollten Sie nicht darauf verzichten, ein wenig Esskultur zu praktizieren. Und sei's nur deshalb, damit Sie in Übung bleiben!

▶ *Wer tischt bei einem offiziellen Essen zuhause auf?*

Niemals der Gastgeber oder die Dame des Hauses selbst! Bei einem offiziellen Essen mit zahlreichen Gästen wird man Servierhilfen einstellen. Sie werden auch gestellt, falls Sie eine Cateringfirma mit dem Zubereiten der Speisen beauftragen. Die Anzahl des Hilfspersonals richtet sich nach der Anzahl Ihrer Gäste: Für jeweils sechs bis acht Personen rechnet man eine/n Servierer/in.

▶ *In welcher Reihenfolge wird serviert?*

Es gibt ganz bestimmte Regeln, die einerseits die Gäste einzuhalten haben und die andererseits für das Servicepersonal im Restaurant gelten. Gut ausgebildete Helfer beherrschen diese Regeln:

- Nach der modernen Regelung wird zuerst dem Ehrengast (bzw. der ranghöchsten Dame) serviert und dann der Reihe nach im Uhrzeigersinn.
- Der Tradition zufolge obliegt es jedoch stets der Dame des Hauses, das Essen zu eröffnen und zu beenden.
- Der Gastgeber seinerseits hat die Pflicht, als Erster das Glas zu erheben.
- Singles müssen beide Aufgaben erfüllen.

Links oder rechts – von welcher Seite ist's richtig?

- Werden keine Tellergerichte serviert (dabei bekommt jeder Gast die fertig angerichteten Speisen auf seinem Teller), dann legt das Servierpersonal die einzelnen Gerichte jedem Gast einzeln auf den Teller.
- Speisen werden immer von links serviert, Getränke dagegen von rechts. Selbst wenn dies für Linkshänder bisweilen recht unbequem sein mag.
- Das Vorlegebesteck wird dabei so gelegt, dass es dem Gast zugewandt ist. Wichtig: Weder das Servicepersonal noch Sie als Gast dürfen den Rand der Servierplatte mit den Fingern berühren!
- Getränke werden von rechts eingeschenkt – das erste Mal vor dem Servieren des Essens. Sie halten dem Weinkellner das Glas bitte niemals entgegen – es bleibt auf dem Tisch stehen.
- Vorspeisen und Suppen werden dem Gast nur einmal serviert.
- Beim Hauptgang wird in einer bestimmten Reihenfolge serviert: Zunächst kommen Fleisch und Soßen, danach Gemüse, Beilagen und Salat. Der gesamte Hauptgang wird normalerweise zweimal gereicht, d. h. Sie dürfen nachfassen.
- Benutzte Teller werden stets von rechts abgeräumt.
- Sind alle Gäste mit dem Essen des Hauptgangs fertig, entfernt das Servicepersonal von rechts die leeren Gläser, die Menage (also Salz und Pfeffer) sowie überzählige Besteckteile.
- Erst dann wird das Dessert gereicht, danach Kaffee und Digestif.

Was versteht man unter einem »kleinen Gedeck«?

Dazu zählt man für gewöhnlich Suppe, Hauptgericht, Dessert und das zugehörige Besteck: also Löffel, Gabel und Messer sowie den Dessertlöffel. Zeitgemäß ist diese Anordnung des Bestecks: Die Gabel liegt links vom Teller, rechts das Messer und außen rechts der Löffel für die Suppe. Oberhalb des Tellers liegt quer der Dessertlöffel, etwas höher rechts steht ein Glas für das Tischgetränk. Auch wenn die alte Regel überholt ist, wird heute noch oft so eingedeckt: Suppen- und Dessertlöffel liegen quer oberhalb des Tellers, Messer und Gabel zusammen rechts vom Teller.

Woraus besteht ein fünfgängiges Menü?

Nach internationalem Standard besteht es aus Vorspeise, Suppe, Fischgericht, Fleisch und Dessert.

Woher weiß ich, welches Besteck für welchen Gang benutzt wird?

Halten Sie sich an eine einfache Regel:
Sie benutzen das Besteck immer von außen nach innen. Die einzelnen Besteckteile werden stets nach der Folge des Menüs von außen nach innen bereitgelegt und benutzt.

Wie sieht das Gedeck für ein mehrgängiges Menü aus?

Normalerweise wird das Besteck bei einem Menü mit mehr als sechs Gängen nicht komplett eingedeckt. Sondern die Besteckteile zu den einzelnen Speisen werden nachgereicht. Denn die gastronomische Grundregel lautet: Rechts sollen nicht mehr als vier, links nicht mehr als drei Besteckteile liegen. Dabei gilt:

- Das am weitesten außen liegende Besteck besteht aus den benötigten Teilen für die Vorspeise.
- Wenn man die Vorspeise nicht mit zwei Besteckteilen isst, liegt das erforderliche Besteck rechts, im anderen Fall natürlich rechts und links.
- An der rechten Seite des Tellers folgt der Suppenlöffel, dann das Fischmesser und direkt am Teller das Messer für das Fleisch.
- An der linken Seite des Tellers ergibt sich demnach: zuerst ein Teil des Vorspeisenbestecks, dann eine Fischgabel und direkt am Teller eine Fleischgabel.
- Quer oberhalb des Tellers liegen die Besteckteile für das Dessert. Dabei zeigt der Griff einer Gabel nach links, der des Löffels nach rechts.
- Links neben dem Platz steht der Brotteller, auf dem das Buttermesser liegt.
- Neben der klassischen Art kennt man einige Abweichungen, die im Lauf

der Zeit entstanden oder aufgrund bestimmter Speisen notwendig sind: Reicht man frische Früchte zum Nachtisch, wird statt eines Löffels ein Dessertmesser über den Teller gelegt.

▶ *Wie decke ich den Löffel für Suppentassen ein?*

Wird die Suppe nicht im tiefen Teller, sondern in einer Tasse serviert, legt man den Suppenlöffel auf die Untertasse und serviert beides zusammen.

▶ *Wie liegt die Schneide des Messers, wie die Gabel?*

Die Schneide des Messers legt man immer nach innen, also zum Teller hin. Die Gabel liegt normalerweise so, dass die Zinken nach oben stehen. Einzige Ausnahme: Sie decken Ihre Tafel mit kostbarem Silberbesteck, auf dem ein Wappen oder Monogramm eingraviert ist. Dann dürfen Sie dies zeigen, indem Sie die Gabeln mit den Zinken nach unten eindecken.

▶ *Wie ist die Reihenfolge beim Gebrauch der Gläser?*

Hier gibt es eine einfache Regel: Bei den Gläsern »arbeiten« Sie sich von rechts nach links vor.

▶ *Wie deckt man für ein Spaghetti-Essen ein?*

Beim Spaghetti-Essen ist das Besteck einfacher als beim »kleinen Gedeck«: Hier genügen die Gabel (links vom Teller) und ein Löffel (rechts vom Teller). Einige italienische Restaurants legen ausschließlich eine Gabel vor – »Spaghettiprofis« kommen damit aus. Da jedoch nicht jeder täglichen Umgang mit den langen Nudeln hat, empfiehlt es sich immer, den Löffel wenigstens mit anzubieten.

▶ *Wie benutze ich das Messer?*

Das Messer wird normalerweise in der rechten Hand gehalten. Es gibt nur eine einzige richtige Art, wie Sie Ihr Messer benutzen: Sie greifen von oben zu, der Zeigefinger liegt oben auf dem Griff und kann so beim Schneiden nach unten Druck ausüben. Daumen und Mittelfinger dienen dazu, das

Messer in der richtigen Balance zu halten. Auch wenn Sie nicht schneiden, sondern mit dem Messer schieben, ist dies der einzig richtige Griff. Das Messer wird niemals zum Mund geführt – es dient ausschließlich zum Schneiden und Zerkleinern der Speisen.

▶ *Wie gehe ich mit dem Fischmesser um?*

Das Fischmesser ist etwas anders geformt als das »normale« Messer, wird aber genauso gehalten: Es dient allerdings nicht zum Zerschneiden, sondern eher zum Zerteilen des Fisches.

▶ *Wie benutze ich das Buttermesser?*

Das kleine Buttermesser auf dem Brotteller wird nicht zum Zerteilen der Speisen benutzt und auch nicht zum Aufschneiden eines Brötchens: Es dient nur dazu, Butter oder Schmalz aufs Brot zu streichen.

▶ *Wie gebrauche ich die Gabel?*

Die Gabel wird immer so zum Munde geführt, dass sie eine waagerechte Linie nicht verlässt; am besten ist sie sogar noch ein wenig nach unten geneigt. Hierfür gibt es eine einfache Erklärung: Wer z. B. Erbsen isst oder Sauce »gabelt«, wird schnell merken, dass bei korrekter Gabelhaltung nichts herunterkullern und -tropfen kann. Die Gabel wird ähnlich wie das Messer gehalten: Wenn Sie etwas festhalten oder aufspießen, so liegt der Zeigefinger mit leichtem Druck auf dem Griff, Daumen und Mittelfinger dienen zur Balance. Dient die Gabel dagegen als »Schaufel« (z. B. für Reis oder Kartoffeln, für Erbsen oder anderes Gemüse), so dreht man sie um: Der Stiel ruht dann in der Beuge zwischen Daumen und Zeigefinger. Man häuft die Gabel übrigens nicht so voll, dass etwas herunterfällt oder Sie die »Ladung« nur mit weit aufgerissenem Mund bewältigen können.

▶ *Wie verwende ich den Löffel?*

Der Löffelstiel liegt in der Beuge zwischen Daumen und Zeigefinger. Bei uns schiebt man den Löffel mit der Spitze zuerst in den Mund, in angelsächsischen Ländern dagegen mit der Breitseite. Natürlich wird der Löffel nicht bis zum Rande vollgeschöpft: Zu groß wäre die Gefahr, dass Suppe überschwappt, wieder auf den Teller kleckert und dabei Spritzer verursacht. Eine Unsitte ist es auch, Suppe durch Pusten zur mundgerechten Temperatur zu bringen.

▶ *Was ist ein Gourmetlöffel?*

Er ist in Feinschmeckerlokalen immer öfter zu finden. Der Gourmetlöffel ist besonders flach und dient zum Aufnehmen der Soße. Manchmal zerteilt man mit dem Gourmetlöffel auch Fisch. Die Griffhaltung ist also im ersten Fall dieselbe wie beim gewöhnlichen Löffel, im zweiten wie beim Messer.

▶ *Wie halte ich den Griff des Bestecks?*

Vom Besteckgriff werden immer nur die oberen zwei Drittel in der Hand gehalten.

- Absolut verboten: Die Gabel in der geballten Faust zu halten und die Speisen regelrecht aufzuspießen!
- Ebenfalls falsch ist die leider am meisten verbreitete Art, das Messer zu halten: nämlich wie einen Bleistift in der Beuge zwischen Daumen und Zeigefinger.
- Noch ein Hinweis: Besteck, das Sie einmal zum Essen in die Hand genommen haben, sollte nicht mehr mit dem Tisch in Berührung kommen. Will heißen: Auch die Griffenden werden bei einer Unterbrechung des Mahls nicht mehr auf die Tischplatte abgelegt.

▶ *Kann ich als Linkshänder die Besteckteile »umtauschen«?*

Linkshänder werden heutzutage glücklicherweise nicht mehr umerzogen. Deshalb dürfen Sie das Besteck in der Hand halten, in der Sie es am besten handhaben können. Wechseln Sie bitte nur das jeweils benötigte Besteckteil in die Ihnen angenehmere Hand. Dasselbe machen Sie auch mit Spezialbestecken, z. B. für Schnecken. Auch Fingergerichte dürfen Sie natürlich »mit links« essen.

Wie ist die richtige Körperhaltung beim Essen?

Bequem, aber dennoch manierlich anzusehen ist es so: Man sitzt so gerade wie möglich, nutzt die gesamte Sitzfläche aus und ist etwa eine Handbreit vom Tisch entfernt. Die Arme sollten sich beim Essen möglichst eng am Körper befinden. Gabel und Löffel werden zum Mund geführt und nicht etwa umgekehrt. Wenn man nur mit der rechten Hand isst, liegt das linke Handgelenk (und nicht der ganze Unterarm) locker auf dem Tisch, und zwar links neben dem Teller. Die Ellenbogen haben während des Essens nichts auf dem Tisch zu suchen. Ihre Beine stehen nebeneinander und werden nicht übereinander geschlagen oder nach hinten unter die Sitzfläche geschoben. Die Füße kreuzt man nicht – und man schlingt sie auch nicht, wie man es leider oft sieht, um die Stuhlbeine.

Wie gehe ich mit der Serviette um?

Die Serviette ist für die »kleine Reinigung« während des Essens gedacht, also zum Abwischen der Lippen kurz vor dem Trinken, um Speise- und Fettränder am Glas zu vermeiden. Im Restaurant legen Sie die entfaltete Serviette auf den Schoß, wenn man Ihnen die Speisekarte reicht. Im privaten Kreis warten Sie damit, bis der Gastgeber seine Serviette entfaltet. Nach der Mahlzeit wird die Serviette entgegen ihrem Originalkniff gefaltet und links neben den Teller gelegt. Damit zeigen Sie an, dass Sie mit dem Essen fertig sind.

Wird die Papierserviette nach dem Essen zerknüllt auf den Teller gelegt?

Heute tut man das nicht mehr, und zwar aus zwei Gründen: Zum einen sieht es unappetitlich aus, zum anderen arbeitet man dem Küchenpersonal entgegen, denn Müll muss heute getrennt werden.

Gibt es eine Zeichensprache mit der Serviette?

Mit dem Entfalten seiner Serviette gibt der Gastgeber das Zeichen zum

Beginn des Essens. Ist die Hausherrin anwesend, ist dies ihre Aufgabe. Erst danach greifen also auch Sie zu Ihrem Mundtuch und entfalten es. Sie legen die Serviette auf den Schoß, einmal gefaltet, und zwar so, dass Sie Ihren Mund problemlos auf der Innenseite abtupfen können. Der Gastgeber – beim Essen im privaten Kreise: die Dame des Hauses –, ist auch derjenige, der die Tafel aufhebt und das Essen »offiziell« beendet, und zwar, indem er seine Serviette neben dem Teller ablegt. Erst dann tun dies auch die übrigen Gäste.

Darf ich die Serviette um den Hals binden?

Nur beim Krebsessen dürfen Sie die Serviette um den Hals binden. Sonst gehört sie auf den Schoß!

Wann lege ich das Besteck aus der Hand?

Immer dann, wenn Sie zum Glas greifen. Am besten so: Legen Sie das Besteck gekreuzt auf dem Teller ab, und zwar liegen die Gabelzinken über der Messerschneide. So ragt es in die Speisen, kann aber auch nicht unversehens abrutschen. Falsch ist es, das Besteck so abzulegen, dass die Griffe auf der Tischdecke aufliegen und die Schneide bzw. die Zinken rechts und links auf dem Tellerrand gestützt werden. Denn allzu leicht können Gabel oder Messer abrutschen und hässliche Flecken auf dem Tischtuch hinterlassen! Außerdem fühlt sich Ihr Tischnachbar möglicherweise durch die weit herausragenden Besteckteile beeinträchtigt. Am Ende des Mahles wird das Besteck dann auf dem Teller abgelegt – niemals daneben!

Gibt es wirklich eine Besteckssprache?

Ja. Und gut ausgebildete Restaurantfachkräfte wissen sie zu deuten. Die Lage des Bestecks nach dem Essen ist dafür ausschlaggebend:

- Sie sind noch nicht fertig oder es soll Ihnen nachserviert werden, wenn Sie das Besteck gekreuzt auf den Teller legen.
- Sie haben das Mahl beendet und es kann abserviert werden, wenn Sie Messer und Gabel parallel nebeneinander legen (die Schneide des

Messers zur Gabel). Ein eventuell vorhandener Gourmetlöffel (für die Soße) wird oberhalb des Messers abgelegt.

- Sie loben das Essen, wenn Messer und Gabel in der Position links unten (quasi auf fünf nach halb sieben) liegen.
- Sie fanden das Essen eher mäßig, wenn Messer und Gabel nach rechts unten (quasi auf fünf vor halb sechs) zeigen.

▶ *Welches Getränk gehört zu welchem Gang des Menüs?*

Üblicherweise werden zu bestimmten Gerichten die passenden Getränke angeboten. Das heißt:

- Vor der Mahlzeit meist ein Aperitif.
- Zu Vorspeise und Suppe keine Getränke.
- Zu Fisch leichter Weißwein.
- Zu hellem Fleisch etwas schwerer und süffiger Weißwein.
- Zu dunklem Fleisch (vor allem alle Arten von Wild) Rotwein mit Zimmertemperatur, d. h. um 18 Grad.
- Zu deftigeren Speisen wie Schweins- oder Kalbshaxe Bier, danach wegen der besseren Bekömmlichkeit ein Gläschen Schnaps oder Magenbitter.
- Zum Dessert eine kleine Tasse Kaffee oder Mokka, eventuell auch Likör oder Cognac.

▶ *Welches Glas ist das richtige?*

Auf einem korrekt gedeckten Tisch stehen die Gläser für alle Getränke schon bereit, und zwar über dem Besteck der rechten Hand in einer Reihe hintereinander – in der Reihenfolge ihrer Benutzung. Die Reihe kann leicht schräg verlaufen. Sie müssen nur eines wissen: Das Glas am rechten Rand ist das Erste, das Sie benutzen werden.

▶ *Darf ich die Getränke bei einem Menü »umbestellen«?*

Wenn Sie zu einem Empfang eingeladen sind, werden Sie auch nicht »umbestellen«, sondern sich an die Menü- und Getränkefolge halten. Bei einem großen Menü wird man zu beinahe jedem Gang ein anderes Getränk servieren. Das hat seinen Grund: Speisen wie Getränke entfalten erst in der Kombination ihren ganz besonderen Geschmack.

▶ *Wie verhalte ich mich, wenn ich wenig oder keinen Alkohol trinke?*

Sagen Sie dem Weinkellner leise Bescheid, dass Sie keinen Alkohol möchten. Oder trinken Sie das gefüllte Glas einfach nicht aus – je nachdem, was weniger Aufsehen erregt. Falsch ist es, die Hand über das Glas zu halten, wenn der Weinkellner nachgießen will.

▶ *Wer prostet wem zu?*

Stets der Herr der Dame bzw. der Ältere dem Jüngeren. Man hält vor dem Zutrinken in der Runde Blickkontakt und nickt sich nachher leicht zu.

▶ *Wie fasse ich das Glas richtig an?*

Gläser mit Stiel fasst man auch immer am Stiel an. Dann bleibt die Temperatur des Weines im Glas am längsten unverändert. Außerdem verhindern Sie, dass Ihr Glas mit unappetitlichen Fingerabdrücken »verziert« wird. Zudem klingen Gläser beim Anstoßen nur, wenn man sie am Stiel anfasst.

▶ *Wie vermeide ich unschöne Lippenstiftränder am Glasrand?*

Ein kleiner Trick hilft Ihnen weiter: Befeuchten Sie den Rand des Glases unauffällig mit der Zunge. Dann wird der Lippenstift nicht so schnell haften bleiben.

▶ *Wie unterscheide ich die einzelnen Gläser?*

- Sekt und Champagner brauchen zur Entfaltung und zum Aufsteigen der Bläschen ein hohes, schmales Glas, die so genannte Champagnerflöte.
- Sherry gehört in schmale, eher kleine Weingläser, die dem Sektkelch in der Form ähneln, aber viel niedriger sind.

- Rotwein wird üblicherweise in großen und breiten Gläsern gereicht, die eine nach oben leicht geschlossene Form haben. Sie werden nur bis zu einem Viertel gefüllt, damit der Wein Platz zum »Atmen« hat.
- Das Weißweinglas ist kleiner, das Dessertglas noch zierlicher. Beide sind nach oben gerade oder sogar leicht nach außen geschwungen. Auch Weißwein füllt man nicht bis zum Rand ein! Prinzipiell füllt man ein Glas etwa zu zwei Dritteln voll.
- Leichte Rosé- und Weißherbstweine entfalten sich am besten in einem leicht geschwungenen Glas, welches nicht über die Hälfte seines Fassungsvermögens hinaus gefüllt werden sollte.

▶ *Wie verkoste ich den Wein?*

Der Weinkellner – auch Sommelier genannt – bringt den Wein und zeigt Ihnen das Etikett. Entspricht es Ihrer Bestellung, öffnet er den Wein und schenkt Ihnen ein kleines Schlückchen zum Kosten ein. Ist der Wein zu Ihrer Zufriedenheit, nicken Sie ihm freundlich zu. Dann wird zuerst der Dame eingeschenkt (außer Sie als Dame haben vorgekostet) und dann dem Herrn.

Im Restaurant

Am Benehmen in einem Restaurant – also in der Öffentlichkeit – erkennt man, ob jemand eine »gute Kinderstube« hat. So mancher Bewerber ist bei seinem Vorgesetzten schon »durchgefallen«, weil er sich bei Tisch nicht richtig benehmen konnte. Was Sie daheim »dürfen«, ist im öffentlichen Raum eines Restaurants auf keinen Fall gestattet. Dabei ist es im Prinzip gleichgültig, ob Sie Gastgeber oder Gast sind. Nur ein Unterschied besteht: Als Gastgeber haben Sie die Pflicht, sich besonders um das Wohl desjenigen zu kümmern, den Sie eingeladen haben.

▶ *Wie wähle ich als Gastgeber das richtige Lokal?*

Schon die Auswahl des Lokals ist von Bedeutung. Wenn Sie sich zum ersten Mal mit jemandem verabreden, sollten Sie nach dessen kulinarischen Wünschen fragen, sich aber nicht unbedingt auf Experimente einlassen.

Sie gehen am besten in ein Lokal, von dessen Qualität Sie sich selbst schon überzeugen konnten. Oder Sie wählen eines, das Ihnen von einem vertrauenswürdigen Bekannten empfohlen wurde.

▶ *Muss ich den Tisch vorbestellen?*

Als vorausblickender Gastgeber sollten Sie das tun. Wenn Sie das Lokal kennen, wissen Sie um die räumlichen Gegebenheiten und reservieren vielleicht einen ganz bestimmten Tisch. Viele gute Speiselokale sind zudem ausgebucht – und Sie wollen es Ihren Gästen doch sicher nicht zumuten, keinen Tisch mehr zu bekommen oder lange warten zu müssen.

▶ *Wer öffnet die Tür, wer tritt zuerst ein?*

Vor allem, wenn Ihnen das Restaurant fremd ist, treten Sie als Gastgeber zuerst ein – noch vor Ihren Gästen! Lassen sich den reservierten Tisch vom Oberkellner zeigen. Ist er zu Ihrer Zufriedenheit, begleiten Sie Ihre Gäste an den Tisch.

▶ *Muss ich jeden Tisch akzeptieren?*

Selbstverständlich müssen Sie einen Tisch nicht nehmen, wenn er in der Nähe des Kücheneingangs oder vor den Toiletten steht. Oder wenn es deutlich sichtbar der »Katzentisch« ist, an dem niemand sitzen will. Verlangen Sie dann in höflichen Worten einen anderen Platz.

▶ *Gilt noch die Regel: Der Herr betritt das Lokal vor der Dame?*

Als einladende Dame, etwa bei einem Geschäftsessen, ist es Ihre Aufgabe, das Lokal als Erste zu betreten.

Früher war es üblich, dass stets zuerst der Herr ein Lokal betrat, sich umsah, dann der Dame die Tür aufhielt und sie hinter sich zum Tisch führte. Als gleichberechtigte Frau muss man sich dieser althergebrachten Beschützerrolle des Mannes nicht unbedingt unterwerfen. Als junge Dame jedoch sollten Sie einem älteren Begleiter ruhig die Freude machen, ihn vorangehen zu lassen.

▶ *Welchen Platz wähle ich als Gastgeber?*

Ihnen obliegt es, Ihre Gäste zu begrüßen. Deshalb sollten Sie für sich selbst einen Platz wählen, von dem aus Sie problemlos aufstehen können, um später kommende Gäste in Empfang zu nehmen.

▶ *Kann ich als Gastgeber die Menüauswahl vorgeben?*

Selbstverständlich können Sie Ihre Gäste zu einem Menü einladen. Aber auch wenn Sie à la carte bestellen lassen, haben Sie die Möglichkeit, Ihren Gästen Empfehlungen auszusprechen – etwa, weil Sie das Restaurant gut kennen und um seine Spezialitäten wissen. Sie geben damit Ihren Gästen auch einen diskreten Hinweis, in welcher Preisklasse Sie sich bewegen wollen. Natürlich müssen Ihre Gäste diesen Vorschlägen nicht unbedingt folgen. Als Gastgeber stellen Sie bitte niemals die etwas taktlose Frage: »Möchte jemand ein Dessert?«. Besser und freundlicher klingt der Satz »Welches Dessert möchten Sie?«.

▶ *Wer bestellt den Wein?*

Als Gastgeber sind Sie dafür zuständig. Sie sollten aber keine Scheu haben, das Verkosten des Weins dann einem Gast zu überlassen, wenn Sie wissen, dass er es sich als Ehre anrechnet, Sie beraten zu dürfen. In einem guten Restaurant wird der Kellner schnell herausfinden, wer am Tisch für den Wein »zuständig« ist, und diesem auch den ersten Schluck nach dem Entkorken der Flasche anbieten. Selbst die Frage »wem darf ich einschenken?« ist heute durchaus üblich, und wenn Sie sich als Dame auskennen, sollten Sie sich nicht scheuen, dies auch selbstbewusst kundzutun.

▶ *Wer bestellt, muss auch bezahlen?*

Die Zeiten haben sich gewandelt: Früher wäre es undenkbar gewesen, dass eine Dame die Rechnung übernommen hätte. Heute ist das zum Glück anders. Viele Kellner fragen auch ganz offen – und dies ist kein Fauxpas: »Wem darf ich die Rechnung bringen?« Selbst die Frage, ob man getrennt oder zusammen bezahlt, ist heute in vielen Häusern üblich.

▶ *Wie bezahle ich als Gastgeber?*

Wenn Sie am Tisch bezahlen, tun Sie dies diskret und ohne die Scheine einzeln auf den Tisch zu zählen. Sie sollten ungefähr überschlagen können, was jeder bestellt hat – und müssen die Rechnung deshalb nicht akribisch Posten für Posten durchgehen. Wenn Sie der Frage nach der Rechnung zuvorkommen wollen, sagen Sie dem Oberkellner schon vorher Bescheid. Dann vermeiden Sie die Situation, die Rechnung an den Tisch gebracht zu bekommen. Entschuldigen Sie sich kurz bei Ihren Gästen, und begleichen Sie die Summe direkt beim Kellner.

▶ *Muss ich als Gast pünktlich erscheinen?*

Als Gast haben Sie die Pflicht zur Pünktlichkeit, auch wenn kein fester Termin für das Essen vereinbart wurde. Selbst wenn Sie wissen, dass man sich erst auf einen Aperitif trifft: Er gehört zu einem gelungenen Mahl – und Sie sollten Ihren Gastgeber nicht beleidigen, indem Sie darauf verzichten.

▶ *Wer geht im Restaurant voran?*

In guten Restaurants werden die Gäste vom Oberkellner empfangen. Normalerweise folgt die Dame ihm direkt zum Tisch, der Herr geht hinter ihr.

▶ *Rückt der Herr der Dame den Stuhl zurecht?*

Normalerweise übernimmt dies der Kellner – wenn nicht, sollte es Ihnen eine Selbstverständlichkeit sein. Als Dame nehmen Sie dies dankend an. Selbstverständlich »schubsen« Sie als Herr den Stuhl nicht in die Kniekehle Ihres Gastes, sondern schieben ihn sanft zurecht.

▶ *Wie gehe ich an der Garderobe vor?*

Für die Garderobe war früher stets der Herr zuständig. Heute können Sie dies durchaus dem Kellner überlassen. Er hilft der Dame beim Betreten des Lokals aus dem bzw. später in den Mantel. In allen anderen Fällen ist der Herr für die Garderobe seiner Dame und natürlich die eigene zuständig. Wohl gemerkt: Immer noch gilt hier die alte Regel »Ladies first!«

Wann steht der Herr bei Tisch auf?

Immer dann, wenn sich eine Dame bei Tisch erhebt oder eine weitere hinzukommt. In einer größeren Runde deuten Sie das Aufstehen zumindest an. Die Ausnahme: Wenn Sie bereits essen, genügt ein freundliches Nicken mit dem Kopf und ein paar passende Begrüßungsworte.

Wer ist Tischherr, wer ist Tischdame?

In einer größeren Gesellschaft hat jede Dame ihren Tischherrn – nämlich denjenigen, der links von ihr sitzt. Er ist »zuständig« fürs Weiterreichen von Speisen, für ausreichende Getränke und – natürlich auch fürs Tischgespräch. Wenn Ihre Tischdame aufsteht, sollten Sie auch in großer Gesellschaft wenigstens andeuten, dass Sie sich ihr zu Ehren erheben.

Wie wähle ich aus der Speisekarte?

Wenn es keine bereits vorbestellte Speisenfolge gibt, wird Ihnen der Kellner die Menükarte reichen. Als Gast sollten Sie sich ein wenig danach richten, was der Gastgeber bestellt. Suchen Sie sich nicht das Teuerste aus, weil Sie endlich einmal die Gelegenheit nutzen wollen, Hummer, Kaviar oder ein anderes seltenes Gericht zu probieren. Vielleicht spricht Ihr Gastgeber – weil er das Restaurant kennt – eine Empfehlung aus. Das erleichtert Ihnen nicht nur die Auswahl, sondern gibt Ihnen einen diskreten Hinweis, wie viel der Einladende in etwa auszugeben gedenkt.

Was tut man, wenn's nicht geschmeckt hat?

Seien Sie höflich, aber bestimmt. Bringen Sie Ihre Beschwerde in ruhigem, angemessenem Ton vor. Es kann vorteilhaft sein, der Beschwerde eine Frage anzufügen, z. B. »Kann es sein, dass die Küche sich geirrt hat?«. Hüten Sie sich aber davor, erst alles aufzuessen oder auszutrinken und dann zu reklamieren. Damit werden Sie wenig Erfolg haben. Haben Sie keine »große« Beschwerde, sondern ist einfach etwas nicht nach Ihrem persönlichen Geschmack, so sagen Sie dies ebenfalls in freundlichen Worten, wenn der Kellner Sie beim Abräumen fragt, ob's denn geschmeckt hat.

Was man wie richtig isst

Manche Speisen sind nicht ganz einfach zu essen. Wenn Sie bei einem Gericht gar nicht Bescheid wissen, schauen Sie sich unauffällig am Tisch um, wie die anderen Gäste es machen. Es ist übrigens keine Schande, den Kellner um Rat zu fragen oder zu bitten, etwa einen Fisch zu filetieren.

Einige Regeln für das korrekte Essen

- **Aal** ist einer der wenigen Fische, die mit dem normalen Besteck, also Messer und Gabel, gegessen werden, vor allem dann, wenn es sich um Räucheraal handelt. Gedünsteten Aal in Soße dagegen essen Sie mit dem Fischbesteck. Er wird enthäutet und entgrätet.
- **Artischocken** werden zumeist lauwarm als Vorspeise serviert. Gegessen werden sie, indem mit den Fingern von unten Blatt für Blatt aus der Frucht herausgezogen und dann in die gewünschte Soße (steht in Schälchen oberhalb des Gedecks bereit) getunkt wird. Da nur der untere, dickere Teil des Artischockenblattes genießbar ist, wird er mit den vorderen Zähnen gefasst und »durchgezogen«. Der leere, ungenießbare Rest kommt auf den bereitgestellten Abfallteller. Sind alle Blätter abgezupft, verbleibt der Boden mit dem so genannten »Heu«. Dieses ist nicht essbar, sondern wird mit einem kleinen Löffel entfernt und ebenfalls auf den Abfallteller gelegt. Der Boden – »Lohn« für die mühevolle Zupfarbeit – ist so zart, dass er mühelos mit einem Löffel oder einer Gabel zerteilt, in die gewünschte Sauce getaucht und dann genossen werden kann.
- **Austern** haben eine harte Schale. Normalerweise werden sie geöffnet serviert. Wenn nicht, sollten Sie darum bitten! Die geöffnete Auster haftet noch im unteren, tiefen Teil ihrer Schale. Sie muss vor dem Genießen gelöst werden. Das tun Sie mit der Austerngabel. Danach wird die Auster zusammen mit ihrem Meerwasserbad geschlürft und ungekaut hinuntergeschluckt.
- **Chinesische Gerichte** sollten Sie mit Stäbchen essen. Zwar werden in deutschen Chinarestaurants stets auch Gabel und Löffel eingedeckt. Es ist aber gar nicht so schwer, mit Stäbchen zu essen: Ein Stäbchen liegt

fest in der Beuge zwischen Daumen und Zeigefinger und wird auf den Ringfinger gestützt; das zweite Stäbchen bewegen Sie darüber mit Daumen und Zeigefinger. Mit diesem »Zangengriff« kann man selbst kleine Stücke gut aufnehmen. Ein wenig Übung und Sie werden zum Meister.

- **Feigen** sind eine Delikatesse, wenn sie frisch serviert werden – Sie sollten sich diesen Genuss nicht entgehen lassen! Die Früchte werden der Länge nach halbiert und dann ausgelöffelt.
- **Fingergerichte** sind Speisen, die man ganz »offiziell« mit den Fingern essen darf – selbst im besten Lokal. Dazu zählt man Artischocken, alle Arten von Schaltieren (Austern, Hummer, Krabben, Krebs, Langusten, Muscheln und Scampi) sowie Wachteln und Spareribs. Lammkoteletts sind ein Grenzfall. Kommen Fingergerichte auf den Tisch, wird man Ihnen stets nach dem Essen eine Fingerschale mit Wasser (auch Fingerbowle genannt) reichen. In manchen Restaurants ist es auch üblich, stattdessen kleine, heiße, feuchte Tücher aus Frottee zu reichen.
- **Fisch** wird stilecht und korrekt nur mit einem speziellen Fischbesteck verzehrt. Es besteht aus Fischgabel und Fischmesser (wobei auch hier die Gabel mit der linken, das Messer mit der rechten Hand gehalten wird). Fehlt ein solches Besteck, greifen Sie am besten auf zwei Gabeln zurück. In vornehmen Restaurants wird statt des Fischmessers oft der Gourmetlöffel zum Zerteilen des Fischs eingedeckt. Haben Sie keine Scheu, den Kellner zu bitten, »komplizierte« Fischarten zu filetieren.
- Viele Menschen verzichten auf Fischgerichte, weil sie Angst vor den **Gräten** haben. Dabei ist es kein Problem, eine Gräte zu entsorgen, die in den Mund gerät: Sie nehmen natürlich nicht die Finger, sondern schieben die Gräte mit der Zunge auf die Gabel. Danach legen Sie sie auf dem Tellerrand ab.
- **Fleisch** zu zerteilen und zu verzehren ist wirklich kein Problem. Die Gabel wird stets mit der Wölbung nach oben ins Fleisch gesteckt. Das Messer teilt mit leichtem Druck mundgerechte Stücke ab. Kratzen Sie nicht geräuschintensiv auf dem Teller herum, und lassen Sie den Zeigefinger auch nicht bis knapp über den Klingenansatz gleiten. Das Messer

wird auch nicht am Fleischstück »saubergewischt«, bevor man den Happen zum Munde führt.

- **Fondue** wird in einem Spezialgeschirr zubereitet und auf speziellen Tellern verzehrt. Klassisch ist das Fondue mit Rindfleischwürfeln, die in Fett oder Öl gegart werden. Mittlerweile gibt es aber viele Variationen: Fondue mit Geflügelfleisch, Fisch oder Gemüse, das in Brühe gegart wird. Beim Käsefondue wird Käse bis zum Flüssigwerden erhitzt, danach tunkt man Brotwürfel ein.
- **Gemüse** wird in aller Regel nur mit der Gabel gegessen. Selbstverständlich darf dabei das Messer zu Hilfe genommen werden. Es gilt die Regel: Was weich genug ist, wird mit der Gabel zerteilt. Alles andere dürfen Sie mit dem Messer in mundgerechte Happen teilen. In feinen Restaurants wird das Gemüse immer in kleinen Stücken serviert werden.
- **Guaven und Nashis** kann man äußerlich leicht mit Äpfeln und Birnen verwechseln. Beide Früchte isst man auch so wie unser heimisches Obst: vierteln und nacheinander das Kernhaus und die Schale entfernen.
- **Hummer** ist ein äußerst delikates Krustentier. Er wird üblicherweise erst bei Tisch auf einem Brett der Länge nach halbiert und dann serviert. Von jeder Hälfte lösen Sie die Hummerschere durch einen kurzen Ruck ab. Ihr dickerer Teil wird dann mit dem Messer angeschlagen, damit man ihn beim Essen leicht brechen kann. Ist die Hummerschere nun vom Körper gelöst, drehen Sie die vier zweigliederigen Beine aus dem Körper. Mit einer speziellen Hummergabel lösen Sie das Fleisch aus der Schale: Dazu hält man die Hummergabel in der rechten Hand mit den Zinken nach oben. Mit der linken Hand halten Sie den Hummerkörper fest, heben mit dem löffelartigen Griff der Gabel den genießbaren Teil des Tieres aus seiner Schale und verzehren ihn mit dem Fischbesteck. Danach bricht man die bereits angeschlagenen größeren Teile der Hummerschere auseinander und zieht das Fleisch mit der Gabel heraus. Der kleinere Teil der Schere wird ebenso behandelt, allerdings wird er vorher nicht auseinandergebrochen. Die Beine des Hummers werden mit den Fingern an den Gelenken auseinandergebrochen und dann

»ausgesogen«. Serviert man Ihnen einen bereits ausgelösten Hummer, essen Sie ihn mit dem Fischbesteck.

- **Kakis** – die israelische kernlose Neuzüchtung heißt Sharon – haben eine glatte Haut, etwa wie eine Tomate. Man halbiert die Frucht und löffelt dann das Fruchtfleisch heraus.
- **Kanapees** sind kleine pikante Leckereien, die man mit der Hand isst. Die mundgerechten Cocktailhappen werden gerne bei einem Stehempfang serviert.
- Bei **Kapstachelbeeren** – auch Physalis genannt – isst man zwar die ganze Frucht, aber natürlich ohne die papierähnlichen Blätter.
- **Karambolen** nennt man auch Baumstachelbeeren oder Sternfrüchte – wegen ihrer Form. Man kann sie komplett verzehren, also die Haut mitessen.
- **Kartoffeln** sollen nicht nur satt machen, sondern sind die idealen Soßenträger. Das ist übrigens auch der Grund, weshalb Gourmets Kartoffeln nicht mit dem Messer schneiden, sondern sie mit der Gabel zerteilen: Die dabei entstehende unebene Fläche nimmt die Soße nämlich besser auf. Natürlich ist auch das Schneiden mit dem Messer heute erlaubt.
- **Kaviar** sollte stets mit einem Perlmuttlöffelchen gegessen werden. Der ganz besondere Geschmack des Kaviars kann sich nämlich bei Berührung mit Metall verändern. Ob Sie die Eier des Störs mit Zitrone beträufeln, mit Zwiebeln garnieren, in speziellen Kaviarschalen reichen oder auf Eis servieren, das bleibt dem Geschmack des Genießers überlassen. Kaviar kann man auch pur essen oder mit dem Löffel auf ein Stück Brot legen.
- **Kirschen** werden frisch serviert und mit den Fingern gegessen. Den Kern lässt man hinter vorgehaltener Hand diskret auf den Teller fallen.
- **Kiwis** werden halbiert und dann das Fruchtfleisch ausgelöffelt.
- **Krabben** werden hierzulande meistens fertig geschält serviert. Große Krabben, die bis zu zwei Kilogramm schwer werden können, essen Sie wie Hummer und Langusten. Kleinere werden mit den Fingern geradegebogen (Kopf links, Schwanz rechts), bis die harte Schale bricht. Dann

wird der Schwanzteil ruckartig vom Körper getrennt. Die einzelnen Glieder der Schale werden nun gelöst, das Fleisch wird mit den Fingern gegessen. Genießer saugen zudem noch die Köpfe der Krabben aus.

- **Krebse** werden von Hand gegessen. Zum Auseinandernehmen sollten jedoch Teller, Gabel und Krebsmesser bereitliegen.
- **Kumquats** sind auch als Zwergorangen bekannt. Die winzigen Orangen verzehrt man mit der Schale. Bitte nicht mit der Gabel aufspießen, sondern mit dem Löffel zum Munde führen!
- **Muscheln** kommen meist in einer Terrine auf den Tisch, in einer köstlichen Brühe oder Suppe. Man nimmt eine der zweihälftigen Schalen und pult bei dieser ersten Muschel das gelbliche Fleisch mit der Gabel heraus. Die beiden miteinander verbundenen, nun leeren Schalenhälften dienen jetzt als »Besteck«: Wie mit einer Zange zieht man mit ihnen das Fleisch aus den übrigen Schalen heraus und führt es zum Mund.
- **Pastete** wird niemals mit dem Messer geschnitten, sondern stets nur mit der Gabel, eventuell auch mit dem Löffel gegessen.
- **Pflaumen** bricht man mit den Fingern auf (Vorsicht vor Spritzern bei besonders saftigen Früchten!) und entfernt den Kern, den man dann auf einen Teller legt. Die beiden Hälften des Fruchtfleischs werden nacheinander mit den Fingern zum Mund geführt.
- **Salatblätter** durfte man früher allenfalls falten. Da heute aber viele neue, großblättrige Salatsorten auf dem Markt sind, ist das Zerteilen mit dem Messer in mundgerechte Stücke kein Tabu mehr.
- **Schnecken** kommen in aller Regel in Spezialpfannen auf den Tisch – meist bereits ausgelöst. Werden Ihnen die Schnecken noch mit Gehäuse serviert, bekommen Sie dazu ein Spezialbesteck, nämlich die Schneckenzange und eine schmale, zweizinkige Gabel. Man nimmt die Gehäuse mit der Zange aus der Pfanne und legt sie auf den Teller oder direkt in den bereitliegenden Suppenlöffel. Mit der Gabel nimmt man das Fleisch aus dem Gehäuse und isst es auch direkt von der Gabel. Oder man legt die Schnecke auf einen Löffel und übergießt sie vor dem Verzehr mit heißer, würziger Butter.

- **Spaghetti** essen Könner so: Sie legen sich drei oder vier Nudeln mit der Gabel auf den Tellerrand und wickeln sie dann geschickt auf. Weniger versierte Pastafans sollten aber den Gebrauch eines Löffels (in der linken Hand) nicht scheuen. Auf gar keinen Fall aber schneidet man Spagetti mit dem Messer!
- **Suppe** kommt meist im tiefen Teller auf den Tisch. Den Suppenteller darf man (im Gegensatz zu früher!) leicht kippen, um den letzten Rest auszulöffeln. Rechtshänder halten den Teller leicht nach rechts hinten, Linkshänder schräg nach links hinten – immer vom Körper weg. Von Suppe, die in Tassen mit Henkeln serviert wird, dürfen Sie den Rest austrinken.
- **Überbackene Suppen** (wie Zwiebelsuppe) essen Sie mit besonderer Vorsicht: Erstens sind sie meist extrem heiß, zweitens ziehen sich Käsefäden beinahe unendlich. Hier können Sie sich nur behelfen, indem Sie den Käse mit dem Löffel »aufwickeln«. Überbackenes Brot in der Suppe »tauchen« Sie ein paar Mal, bis es weich ist und sich mit dem Löffel gut teilen lässt. Eine mit einer Teighaube überbackene Suppe verzehren Sie, indem Sie die Teighaube mit der Gabel einstechen und dann vorsichtig entfernen bzw. essen.
- **Weintrauben** werden mit den Fingern einzeln von der so genannten Rispe abgezupft und anschließend zum Mund geführt.
- **Weißwurst** ist eine bayerische Spezialität. Und hier streiten sich wirklich die Gelehrten, wie man sie richtig isst: Die einen lassen nur das »Auszuzeln« zu, bei dem das Messer lediglich die Wurstspitze abschneidet. Danach wird die Wurst in süßen Senf getaucht und direkt mit dem Mund ausgesaugt. Vornehmer ist es jedoch in jedem Fall, die Wursthaut der Länge nach aufzuschlitzen, das Brät auszulösen und dann einzelne Stücke in Senf getaucht mit der Gabel zu genießen.

Unterwegs und auf Reisen

Jeder von uns ist tagtäglich unterwegs: auf dem Weg zur Arbeit und wieder nach Hause, zum Einkaufen, zu Terminen. Dabei treffen wir auf andere Menschen – und müssen mit ihnen und ihrem Verhalten umgehen. Gerade hier zeigt sich immer wieder: Mit Höflichkeit und Takt kommt man weiter, und dies nicht nur im übertragenen Sinne.

In öffentlichen Verkehrsmitteln

In Bus, Bahn und Flugzeug begegnet man vielen fremden Menschen auf zum Teil sehr engem Raum. Das bedeutet fast automatisch Stress, den man aber mit rücksichtsvollem Verhalten gering halten kann.

▶ *Was tun, wenn Bus oder Bahn überfüllt sind?*

Enge und Rempeleien machen niemandem Freude. Aber Sie machen die Situation nicht besser, wenn Sie ebenfalls unhöflich reagieren.

- Versuchen Sie Abstand zu halten und Ihre Mitreisenden nicht durch zu nahes Aufrücken zu bedrängen. Wenn es gar nicht anders geht: Zeigen Sie sich höflich und entschuldigen Sie sich dafür, wenn Sie jemandem zu nahe kommen.
- Bewahren Sie Ruhe, selbst wenn es Ihnen schwer fällt.
- Reagieren Sie nicht aggressiv, auch wenn Sie mal einen kleinen Rempler bekommen.
- Überbrücken Sie unangenehme Situationen mit einem Lächeln und ein paar freundlichen Worten.

Solches Verhalten strahlt auf Ihre Mitmenschen aus und bringt vielleicht allgemein mehr Zuvorkommenheit und Rücksichtnahme.

▶ *Wer geht beim Ein- und Aussteigen voran?*

Beim Einsteigen geht die Dame voran. Beim Aussteigen dagegen ist der Herr der erste und danach der Dame behilflich.

Wie zeige ich mich hilfsbereit?

- Wenn Sie an der Haltestelle stehen und mit Ihnen eine Mutter mit Kinderwagen wartet, so helfen Sie ihr beim Einsteigen in Bahn oder Bus.
- Wenn Sie beide an derselben Haltestelle aussteigen, sind Sie auch dabei behilflich.
- Das Gleiche gilt, wenn Sie sehen, dass sich jemand mit unhandlichem oder schwerem Gepäck abmüht.
- Auch im Zugabteil sind Sie behilflich, wenn etwa eine ältere Person das Gepäck nach oben wuchten muss.

Darf ich mich einfach auf einen freien Platz setzen?

Wenn Sie in einem Fernzug oder Reisebus neben jemandem einen freien Platz sehen, fragen Sie freundlich, ob er noch frei ist. Wenn Sie höflich und freundlich sind, werden Sie auch zu schwer erreichbaren Sitzplätzen kommen. Im öffentlichen Nahverkehr ist es nicht üblich, um einen freien Sitzplatz erst anzufragen, ebensowenig kann man einen Platz für jemanden »besetzt halten«.

Soll ich auf einer Platzreservierung bestehen, wenn ein anderer meinen Sitzplatz eingenommen hat?

Wenn Sie bei der Bahn einen Platz reserviert haben, dieser jedoch besetzt ist: Überlegen Sie sich, ob Sie wirklich auf Ihrem Recht beharren wollen, wenn andere, gleich gute Plätze frei sind. Ist das nicht der Fall, können Sie den Platz ohne große Rechtfertigung »einfordern«, aber Sie sollten es unbedingt mit einer höflichen Bitte tun.

Muss ich mit meinem Sitznachbarn Gespräche führen?

Reagieren Sie nicht gleich abweisend, wenn jemand mit Ihnen ins Gespräch kommen möchte. Wenn Sie keine Lust auf eine Unterhaltung haben, nehmen Sie sich Lektüre mit, und weisen Sie freundlich darauf hin, dass Sie jetzt lieber lesen wollen (oder müssen). Umgekehrt drängen Sie

Ihrem eventuellen Sitznachbarn kein Gespräch auf. Sie können natürlich versuchen, eine unverbindliche Konversation zu beginnen. An der Reaktion des Mitreisenden sollten Sie aber sofort erkennen, ob dies seinerseits auch gewünscht ist.

Wie verhalte ich mich im Flugzeug?

In der Touristenklasse sitzt man auf noch engerem Raum zusammen als in Bus oder Bahn. Rücksichtnahme und eigene Zurückhaltung sind also von besonders großer Bedeutung.

Wie benehme ich mich rücksichtsvoll während des Flugs?

- Selbst wenn Sie einen Fenster- oder Gangplatz haben und nicht auf dem ungeliebten Mittelplatz sitzen: Machen Sie sich schlank! Behalten Sie Ihre Ellbogen möglichst bei sich und rangeln Sie nicht mit Ihrem Nebenmann um die gemeinsame Armlehne.
- Selbstverständlich können Sie die Flugzeit für ein Nickerchen benutzen und dafür auch Ihre Rückenlehne entsprechend einstellen. Aber nehmen Sie bitte Rücksicht auf die Passagiere in der Reihe hinter Ihnen: Verstellen Sie Ihre Rückenlehne beim Essen nicht nach hinten, und achten Sie auch darauf, ob Ihr »Hintermann« nicht noch sein volles Glas auf dem Tischchen stehen hat, wenn Sie sich zurücklehnen.
- Sicher möchte auch der vor Ihnen Sitzende einen ruhigen Flug genießen. Deshalb klappen Sie das Tischchen vor sich nur dann herunter, wenn Sie es wirklich brauchen.
- Haben Sie einen Platz am Fenster, sollten Sie den Gang in den Waschraum ein wenig vorausplanen. Stehen Sie nicht gerade dann auf, wenn das Essen serviert wird. Ihr Nebenmann muss nämlich mit aufstehen, und das ist mit heruntergelassenem Klapptisch und dem darauf stehenden Essenstablett fast ein Kunststück.
- Zwingen Sie Ihrem Nachbarn kein Gespräch auf. Umgekehrt geben Sie höflich zu verstehen, dass Sie lieber lesen oder schlafen wollen, wenn man Sie in ein Gespräch verwickeln will, Sie aber Ihre Ruhe möchten.

- Es gibt kaum noch Fluglinien, bei denen das Rauchen gestattet ist. Bitte beachten Sie: Es wäre nicht nur grob unhöflich, sich bei einem solchen Nichtraucherflug eine Zigarette anzuzünden, sondern es ist auch gesetzlich verboten.
- Wenn Sie Raucher sind und auch auf dem Flug rauchen dürfen, verzichten Sie im Interesse Ihrer Mitreisenden auf Zigarren und Pfeife: Beide verströmen einen sehr intensiven Geruch, der leicht bis in die Nichtraucherzone vordringt.

▶ *Muss ich den Flugbegleitern ein Trinkgeld geben?*

Flugbegleiter sind an Bord Ihre Gastgeber, nicht Ober oder Kellnerin. Es ist daher nicht üblich, dass sie ein Trinkgeld bekommen. Stewardess und Steward sind meist besonders dazu angehalten, höflich und zuvorkommend zu sein – dies sollten Sie zurückgeben. Das heißt: Sie sind ebenfalls freundlich und vergessen nicht, Bitte und Danke zu sagen. Nutzen Sie auch den angebotenen Service nicht über die Maßen aus, und halten Sie sich beim kostenlosen Ausschank von Alkohol zurück.

Der Aufenthalt im Hotel

Im Hotel benehmen Sie sich bitte so, wie Sie es selbst ebenfalls von einem Gast in Ihrem Haus erwarten: höflich und zurückhaltend eben, und mit Rücksicht auf den Gastgeber! Selbst wenn Sie im Hotel für die Gastfreundschaft bezahlen, haben Sie sich damit nicht die Berechtigung erkauft, sich daneben zu benehmen. Nicht nur der Hotelier hat die Pflicht, Ihnen den Aufenthalt so angenehm wie möglich zu machen. Sie selbst müssen ebenfalls dafür sorgen, dass Sie sich wohl fühlen.

▶ *Was muss ich beim Buchen des Hotelzimmers beachten?*

- Wenn Sie ein Hotelzimmer nicht übers Reisebüro, sondern direkt reservieren, können Sie dies telefonisch, per Brief, Fax oder Email tun.
- Diese Angaben sind wichtig, damit alles reibungslos klappt: Ihr vollständiger Name samt Adresse, der Zeitraum des Aufenthalts, die Art des

Zimmers (Einzel- oder Doppelzimmer? Appartement oder Suite, Raucher- oder Nichtraucherzimmer? Spezielle Allergikerzimmer?) sowie die Verpflegung (nur Übernachtung, Übernachtung mit Frühstück, Halb- oder Vollpension).

- Natürlich lassen Sie sich Ihre Buchung schriftlich – per Fax, Brief oder Email – bestätigen.
- Sagen Sie vorab, wann Sie ankommen werden – zumindest den ungefähren Zeitrahmen. In vielen Hotels ist es durchaus üblich, das Zimmer abzugeben, wenn Sie nicht bis 18 Uhr eingetroffen sind und man nichts von Ihnen gehört hat.

► *Was tun, wenn's beim Einchecken lange dauert?*

Weisen Sie höflich darauf hin, dass Sie nach einer langen Anreise müde und erschöpft sind – man sollte Verständnis haben und Sie schnell einchecken. Wenn Sie allerdings mit einer ganzen Gruppe ankommen, können Sie keine Sonderbehandlung erwarten: »Stürmen« Sie nicht gleich die Rezeption und drängeln Sie sich nicht vor. In den meisten Fällen werden Sie als Gruppe sowieso bevorzugt eingecheckt, oder ein Reiseleiter kümmert sich um die Hotelzimmer und ihre Verteilung.

► *Wie gehe ich mit dem Hotelpersonal um?*

Behandeln Sie das Hotelpersonal höflich und nicht wie Leibeigene. Wenden Sie keinen Befehlston an, sondern vergessen Sie nicht, dass überall auf der Welt »Bitte« und »Danke« die Zauberworte sind, mit denen Sie mehr erreichen als mit unwirschen Anordnungen. Achten Sie auch auf interne Hierarchien: Der Portier ist nicht Ihr Kofferträger, der Kellner an der Strandbar nicht Ihr Zimmerkellner. Das Zimmermädchen ist auf gar keinen Fall Freiwild für die männlichen Gäste!

► *Wie kleide ich mich passend im Hotel?*

Richten Sie sich schon beim Packen daheim nach dem Stil des Hotels: Wer einen Stadturlaub in einem entsprechend noblen Haus bucht, wird sicher mehr »offizielle« Kleidung brauchen als für ein Strandhotel. Achten Sie auf eine eventuell vorhandene Kleiderordnung. In vielen Hotels ist es üblich, sich zum Abendessen umzuziehen. Sehr legere Freizeitkleidung – also Shorts und ärmelloses T-Shirt für den Herrn, Pareo und Bikini-Oberteil für die Dame – ist im Hotelrestaurant in jedem Falle fehl am Platz.

Wie begegne ich den anderen Hotelgästen?

Höflich und freundlich – wie stets! Man grüßt sich, man beharrt nicht auf »seinem« Sitzplatz im Restaurant oder Frühstücksraum, man reserviert sich nicht schon morgens um 6 Uhr den Liegestuhl am Hotelpool.

Was tun, wenn ich Grund zu Beschwerden habe?

Denken Sie an die alte Regel: Der Ton macht die Musik! Tragen Sie Ihre Beschwerde höflich, aber bestimmt vor. Bleiben Sie sachlich, und äußern Sie Ihren Ärger nicht lautstark. Je freundlicher Sie Ihre Reklamation vorbringen, desto eher ist man willens, Ihnen zu helfen.

Wie vermeide ich lange Wartezeiten bei der Abreise?

Sie können selbst etwas dafür tun, um dem zu entgehen: Wenn Sie auschecken und die Rechnung bezahlen wollen, gehen Sie nicht zu einer Zeit an die Rezeption, an der erfahrungsgemäß viel los ist. In den meisten Hotels ist es durchaus auch möglich, die Rechnung am Abend vor der Abreise zu begleichen.

Wie viel Trinkgeld ist im Hotel üblich?

Ein leidiges Problem – und nicht einfach zu beantworten. Im allgemeinen haben sich diese Trinkgeldsätze eingebürgert:

- Für Servicekräfte im Restaurant und an der Hotelbar: 5–10% vom Rechnungsbetrag.
- Für Portier oder Concierge: 2,5–5 Euro bzw. 5-10 Mark, wenn er besondere Leistungen für Sie erbracht hat, z. B. die Besorgung von Theaterkarten oder die Organisation einer Stadtrundfahrt.

- Für Zimmermädchen oder Hausdame: 2,5 Euro bzw. 5 Mark, wenn Sie zusätzlich Kissen, Decken oder Handtücher brauchten.
- Dankeschön für das Zimmermädchen: 1–1,5 Euro bzw. 2–3 Mark pro Tag des Aufenthalts.
- Für den Wagenmeister: 1–2,5 Euro bzw. 2–5 Mark bei An- und Abreise.
- Für den Gepäckträger: pro Stück mindestens 1 Euro bzw. 2 Mark.
- Für den Pagen: 1 Euro bzw. 2 Mark, wenn er Ihnen z. B. ein Taxi ruft.
- Für die Rezeption: etwa 5% der Rechnungssumme, wenn Sie der gesamten Mannschaft etwas zukommen lassen wollen.

Wann übergebe ich das Trinkgeld?

Wer öfter auf Reisen ist, weiß: Es ist besser, das Trinkgeld an Kellner und Zimmermädchen (auf dem Schiff: Stewards) nicht am Ende der Reise zu geben, sondern einen Teil zu Anfang und den Rest am Ende (sozusagen als Belohnung!). Teilen Sie dies aber mit, wenn Sie die »erste Rate« bezahlen: Sonst werden Sie unter Umständen als Geizhals eingestuft.

Wie viel Trinkgeld bekommen andere Dienstleister?

- Auf Busreisen ist es üblich, nicht nur dem Reiseleiter, sondern auch dem Busfahrer ein Trinkgeld zu geben. Meist gibt es einen Mitreisenden, der es in die Hand nimmt, in der Gruppe Geld zu sammeln. Sie sollten sich dann – vor allem, wenn Sie zufrieden waren – nicht ausschließen. Die Höhe des Betrages spricht man untereinander ab.
- Bei Reisen mit der Bahn ist es normalerweise nicht üblich, für die normalen Leistungen des Zugpersonals Trinkgeld zu geben. Anders ist es, wenn ein Zugbegleiter Ihnen besonders behilflich ist oder Ihnen am Platz Essen und Trinken serviert. Beim Servieren können Sie dann nach oben aufrunden. Für die Hilfe beim Ein- und Aussteigen mit großem Gepäck dagegen ist kein Trinkgeld üblich.
- Auf Schiffsreisen dagegen ist es anders: Steward und Stewardess sind hier für ein Trinkgeld durchaus dankbar. Mindestens zehn bis 15 Prozent des Reisepreises sollten Sie einrechnen.

Im Urlaub

Leider ist es eine Tatsache: Wir Deutschen gelten im Ausland zwar als durchaus erwünschte Devisenbringer. Aber man liebt uns nicht immer. Denn: Wir fallen nicht unbedingt durch gutes Benehmen auf, sondern eher durch Besserwisserei, durch eine überzogene Anspruchshaltung und durch wenig Toleranz unserem jeweiligen Gastland gegenüber.

▶ *Wie verhalte ich mich als Gast im Ausland?*

Bitte nicht nach dem Motto »der Gast ist König, und ihr anderen habt euch alle nach mir zu richten«. Sondern: »Ich bin Gast hier und ich möchte Ihnen möglichst wenig Umstände machen!«

▶ *Wie bereite ich mich auf den Urlaub im fremden Land vor?*

Es sollte Ihnen selbstverständlich sein, dass Sie sich vorher über Sitten und Gebräuche informieren. Reiseführer helfen Ihnen dabei genauso wie Ihr Reisebüro, Automobilclubs wie der ADAC und natürlich auch der Reiseleiter vor Ort.

▶ *Wie passe ich mich den Sitten im Gastland an?*

Das äußere Erscheinungsbild ist – wie daheim – der erste Eindruck, den Sie hinterlassen. Hierbei können Sie sich am besten anpassen und dafür sorgen, dass Sie nicht (unangenehm) auffallen!

▶ *Muss ich im Urlaub stets perfekt gekleidet auftreten?*

Gegen legere Kleidung im Urlaub ist nichts einzuwenden, wenn Sie damit nicht aussehen, als ob Sie Ihre Gastgeber missachten würden. Kleiden Sie sich so, dass Sie sich auch daheim auf die Straße trauen würden – und zwar nicht zum schnellen morgendlichen Einkauf beim Bäcker um die Ecke, sondern in die Fußgängerzone, wo Sie viele Menschen treffen. Wenn Sie sich nicht sicher sind, erkundigen Sie sich vor Antritt der Reise im Reisebüro oder einem Konsulat des entsprechenden Landes, welche Art Kleidung an Ihrem Urlaubsziel angemessen ist.

Wie verständige ich mich im Ausland?

Im seltensten Fall wird man die Sprache des Urlaubslandes perfekt beherrschen. Meist kennt man – wenn überhaupt – nur ein paar Brocken. Wenn Sie sich perfekt vorbereiten wollen, versuchen Sie, sich ein paar Kenntnisse der Landessprache anzueignen. »Bitte« und »Danke«, »Guten Tag« und »auf Wiedersehen«, dazu noch ein paar Floskeln – Sie werden sehen, Sie kommen damit normalerweise gut an, zeigt es doch, dass Sie sich wenigstens ein wenig bemühen, auf Land und Leute einzugehen. Haben Sie zudem einen Sprachführer oder wenigstens ein Wörterbuch dabei, können Sie sich bei kleineren Problemen wie Einkauf oder Wegauskunft selbst behelfen. Bei größeren Problemen wenden Sie sich am besten an den Reiseleiter oder den Hotelportier: Er wird selbst übersetzen oder aber Ihnen einen Dolmetscher zur Verfügung stellen können.

Kann ich unbekümmert Deutsch sprechen?

Sie sollten nicht von vornherein annehmen, dass man Sie nicht versteht! Zum einen drücken Sie mit Ihrer Körpersprache mehr aus als Sie ahnen. Zum anderen versteht man auch in anderen Teilen der Welt deutsch. Nichts ist wohl peinlicher, als sich auf Deutsch über Land und Leute auszulassen – und erkennen zu müssen, dass der Einheimische am Nebentisch dies alles genau mitbekommt und versteht.

Wie viel Trinkgeld ist im Ausland üblich?

Vorsicht: Was bei uns angebracht ist, wird im Ausland oft ganz anders gehandhabt. In manchen Ländern, z. B. Holland, ist Trinkgeld völlig unüblich. Auch französische Taxifahrer erwarten keine Extragabe; ein Kofferträger in Frankreich dagegen wird das Hotelzimmer wohl nur sehr zögernd verlassen, wenn er nicht ein kleines Dankeschön zugesteckt bekommt. Wer sich unsicher ist, sollte sich beim Reiseleiter informieren. Noch ein Hinweis: Rechnen Sie die entsprechenden Beträge nicht auf deutsche Verhältnisse um. Selbst wenn Ihnen eine Summe gering erscheint, kann sie den Verhältnissen im Gastland durchaus angemessen sein.

Mit guten Manieren zum beruflichen Erfolg

Gerade im Berufsleben wird heute mehr denn je Wert auf gute Manieren gelegt. Das bedeutet sicher nicht, dass man sich alles bieten lassen sollte. Höflichkeit kann man sehr gut mit selbstbewusstem Auftreten verbinden.

Die Bewerbung

Gutes Benehmen am Arbeitsplatz ist wichtig – unter Umständen für Ihre Karriere oder sogar Ihr weiteres Verbleiben in einer Firma. Schon Ihr Bewerbungsschreiben, umso mehr später das Vorstellungsgespräch vermitteln Ihrem zukünftigen Arbeitgeber, wie es um Ihre »Kinderstube« bestellt ist. Es würde zu weit führen, auf die einzelnen Aspekte von Bewerbungsschreiben und Vorstellungsgespräch einzugehen, daher hier nur kurz die wichtigsten Punkte.

Worauf muss ich bei der Form meiner Bewerbung achten?

Der äußere Rahmen muss stimmen: Das Papier im DIN-A4-Format sollte von guter Qualität sein, rein weiß, ungelocht und unliniert. Außerdem gilt:

- Ein Bewerbungsschreiben wird nicht handschriftlich verfasst. Benutzen Sie eine elektrische Schreibmaschine oder – noch besser! – den PC.
- Schreiben Sie im Abstand von 1 ½ Zeilen.
- Rechtschreibung und Zeichensetzung müssen unbedingt perfekt sein.

Wie gestalte ich den Inhalt meiner Bewerbung?

- Gehen Sie im Stil Ihres Briefes auf die neue Firma ein: sachlich im Ton, wenn es erforderlich ist; eher plakativ-werbend, wenn es zum Stil des Unternehmens passt.
- Lassen Sie Fakten für sich sprechen: Wiederholen Sie aber nicht den Betreff oder den Inhalt Ihres Lebenslaufes. Sprechen Sie besser Ihre Ziele an und gehen Sie auf die gewünschten Anforderungen ein.
- Nehmen Sie Abstand von Standardsätzen. Wählen Sie lieber Formulierungen, die ungewöhnlich sind, ohne aus dem Rahmen zu fallen.

- Nennen Sie Ihre Gehaltsvorstellungen im Bewerbungsschreiben nur, wenn in der Ausschreibung danach gefragt wird.
- Teilen Sie mit, wann Sie Ihren neuen Job antreten können – vor allem, wenn Sie noch längerfristig vertraglich gebunden sind.

► *Wie lang sollte ein Bewerbungsschreiben sein?*

Halten Sie sich an das Sprichwort »In der Kürze liegt die Würze«! Ein Bewerbungsschreiben sollte nie länger als eine Seite sein, allenfalls anderthalb Seiten. Vergessen Sie nie: Ein Personalchef liest tagtäglich vielleicht Hunderte von Bewerbungsschreiben. Er hat weder Zeit noch Muße für lange »Episteln«.

► *Wann kann ich nach der schriftlichen Bewerbung telefonisch nachfassen?*

Es kann von Nachteil sein, wenn Sie zu sehr drängen. Behalten Sie die Nerven – mancher Entscheidungsprozess dauert (gerade bei großen Firmen) etwas länger. Höflich wäre es, wenn Sie nach zehn bis 14 Tagen einen Zwischenbescheid erhalten, zumindest jedoch eine Benachrichtigung, dass Ihre Unterlagen eingegangen sind. Nach drei bis vier Wochen jedoch sollten Sie benachrichtigt werden. Und zu diesem Zeitpunkt ist auch eine telefonische Nachfrage in Ordnung. Haben Sie nach sechs Wochen noch keine Reaktion – und auch Ihre Unterlagen nicht zurück – sollten Sie in jedem Fall telefonisch nachfassen. Aus rechtlicher Sicht sind Bewerbungsunterlagen Ihr Eigentum – der Empfänger muss sie nach Prüfung zurückgeben.

► *Wie trete ich beim Vorstellungsgespräch auf?*

Beim Vorstellungsgespräch unterziehen Sie sich einer ersten Probe. Dabei ist der persönliche Eindruck wichtig, den Sie hinterlassen, denn Sie werden vom Personalchef und Ihren künftigen Vorgesetzten begutachtet. Jetzt kommt es darauf an, wie Sie auftreten, wie viel Selbstbewusstsein Sie ausstrahlen und wie Sie sich und Ihre Arbeit »verkaufen«.

Wie kleide ich mich zum Vorstellungsgespräch?

Für den ersten Eindruck spielt Ihre Kleidung zwar nicht die einzige Rolle, aber eine äußerst wichtige. Sie wirkt wie ein Signal – und da wollen Sie doch gewiss die richtigen Zeichen setzen. Fragen Sie sich, was Sie mit Ihrer Kleidung erreichen und welchen Eindruck Sie beim Bewerbungsgespräch hinterlassen wollen.

Wie bin ich als Frau passend angezogen?

- Mit einem Kostüm oder einem eleganten Hosenanzug sind Sie auf der sicheren Seite. Wählen Sie einen gut sitzenden Blazer in neutralem Farbton. Der passende Rock sollte beim Sitzen nicht bis zur Mitte der Oberschenkel rutschen, sondern höchstens bis 2,5 cm über die Knie (Probieren Sie das vorher aus!).
- Nackte Beine sind tabu! Aber Vorsicht: Ihre Strumpfhose sollte durchsichtig und nicht unbedingt blickdicht sein. Laufmaschen oder Löcher sind einfach verboten: Nehmen Sie sicherheitshalber stets ein zweites Paar mit!
- Auch unter Hosen tragen Sie immer Strümpfe, aber bitte keine weißen oder bunten Socken.
- Die Schuhe müssen relativ neu aussehen und unbedingt frisch geputzt sein. Pumps mit mittelhohem Absatz sind stilistisch eine sichere Sache, auch in »jüngeren« Firmen.
- Natürlich ist Ihre Kleidung immer sauber. Es ist keine Naht aufgegangen, und es hängen auch nirgends Saum oder Futter herunter.
- Bei Schmuck und Accessoires heißt die Devise: »Schlicht ist mehr!«
- Die Frisur ist natürlich, aber selbstverständlich frisch frisiert. Langes Haar sollten Sie mit einer Spange im Nacken zusammenfassen oder hochstecken.
- Beim Make-up verwenden Sie am besten Rouge, Mascara und Lippenstift – auch dann, wenn Sie sonst eher ungeschminkt bleiben. Im anderen Falle übertreiben Sie es gerade beim Make-up nicht, sonst wirken Sie eher »angemalt«.

▶ *Was sollte ich beim Vorstellungsgespräch nicht tragen?*

- Vermeiden Sie kurze Miniröcke, wallende Gewänder, Leggings, Rüschenblusen, Lederkleidung oder wilde Muster wie Leopard-, Schlangen- oder Tigerdrucke.
- Ebenfalls unpassend: tief ausgeschnittene Dekolletees, Blusen ohne Ärmel, Oberteile mit Spagettiträgern, Sonnentops und Korsagen ohne Träger, durchsichtige Blusen oder Glitzerstoffe.
- Freizeitkleidung – also Jogginganzug, Radlerhosen, Shorts – ist absolut unpassend.

▶ *Wie sieht es mit Piercings und Tätowierungen aus?*

Es kommt natürlich auf den Job an, um den Sie sich bewerben. Sie sollten aber bedenken: Beides ist gesellschaftlich nicht unbedingt akzeptiert. Kleiden Sie sich so, dass Tätowierungen nicht sichtbar sind, und entfernen Sie am besten Piercings im Gesicht.

▶ *Wie bin ich als Mann passend angezogen?*

- Sie sollten klassisch, aber nicht zu elegant gekleidet erscheinen. Wenn Sie im Anzug auftreten möchten, wählen Sie am besten einen neutralen Farbton wie Grau oder Dunkelblau. Vermeiden Sie Schwarz und alle Modefarben.
- Auch die Anzugkombination ist bei einem Vorstellungsgespräch angebracht. Jacke und Hose müssen natürlich im Ton miteinander korrespondieren.
- Das Hemd ist am besten rein weiß, dazu die zum Anzug farblich passende Krawatte: Sie ist ein Muss!
- Auch wenn Ihnen noch so warm ist: Eine gelockerte Krawatte oder ein offener Hemdkragen wirken nicht gepflegt.
- Die Farbe Ihrer Strümpfe richtet sich nach der Farbe der Hose. Zu kurze Socken lassen die nackte Wade blitzen – das sollten Sie vermeiden.
- Perfekt sollte auch Ihr Schuhwerk sein: am besten klassische Lederschuhe zum Binden. Achten Sie darauf, dass Ihre Schuhe gut geputzt sind

und in der Farbe zum Anzug passen! Falls Sie unsicher sind: Mit schwarzen Schuhen liegen Sie immer richtig.
- Natürlich gehen Sie niemals unrasiert zum Vorstellungsgespräch. Auch ein modischer Dreitagebart ist nicht immer gern gesehen.
- Ihre Frisur sollte modisch sein, aber nicht extrem. Versuchen Sie auch, sich in dieser Hinsicht der Branche, in die Sie möchten, anzupassen.

Was sollte ich beim Vorstellungsgespräch nicht wählen?

- Finger weg von Leder- oder Strickkrawatten oder gar witzigen Bindern aus Holz! Zum offiziellen Geschäftsanzug gehört auch niemals eine Fliege – selbst wenn das Ihre persönliche Note ist.
- Vermeiden Sie Hosen mit Gürtelschlaufen, aber ohne Gürtel!
- Weiße Socken sind eine schlechte Wahl. Selbst wenn sie einmal »in« sein sollten, beim eleganten Herrn kamen sie noch nie in Frage! Auch bunte oder »witzige« Socken sind beim Vorstellungsgespräch tabu!
- Braune Schuhe passen in keinem Fall zu einem grauen oder blauen Anzug. Zweifarbiges Schuhwerk, Sandalen, Turnschuhe, Slipper oder gar Stiefeletten sind immer absolut unpassend. Ebenso wie schief getretene Absätze.

Welchen Schmuck kann ich als Mann tragen?

Schmuck wie ein dezenter Ohrstecker ist heute auch bei Herren durchaus üblich und »erlaubt« – zumindest in den meisten Berufen. Meiden Sie jedoch in jedem Fall zu viele, protzige oder gar imitierte Schmuckstücke. Eine elegante Armbanduhr sollte zu Ihrer Grundausstattung gehören. Bunte Plastikuhren sind eher bei Jugendlichen oder in bestimmten Berufen (Werbung etc.) angesagt – ab einem gewissen Alter und in der entsprechenden gesellschaftlichen Position macht eine seriösere Variante des Zeitmessers mehr her.
Achten Sie bitte darauf: In bestimmten Kreisen ist es durchaus von Bedeutung, ob Sie einen Ohrring links oder rechts tragen (im rechten Ohr weist der Schmuck auf Homosexualität hin!).

▶ *Wie bereite ich mich auf das Gespräch vor?*

Viele Personalchefs klagen darüber, dass Bewerber nichts über den Betrieb wissen, bei dem sie sich vorstellen. Deshalb: Sammeln Sie möglichst viele Informationen über die Firma. Damit platzen Sie aber nicht heraus, sondern geben im Verlauf des Gesprächs zu erkennen, dass Sie sich vorbereitet haben.

▶ *Was muss ich bei einem Bewerbungsgespräch beachten?*

- Sie sind pünktlich, und das heißt in diesem Fall: Sie sind ein paar Minuten vor dem eigentlichen Termin da. Und zwar nicht beim Pförtner, sondern im Vorzimmer des Personalchefs oder desjenigen, mit dem Sie Ihr Gespräch führen.
- Sie warten so lange mit dem Eintreten, bis der oder die Vorgesetzte Sie bittet einzutreten.
- Sie warten außerdem, bis man Ihnen die Hand zur Begrüßung reicht. Das ist im Geschäftsleben anders als im Privatbereich: Im Job hat der in der Hierarchie höher Stehende das Recht zu entscheiden, ob er Sie per Handschlag begrüßt oder nicht.
- Sie nennen zur Begrüßung noch einmal laut und deutlich Ihren Namen. Darauf können Sie verzichten, wenn Ihr Gegenüber schon mit einer Begrüßung und Ihrem Namen auf Sie zukommt.
- Sie nehmen erst dann Platz, wenn man es Ihnen angeboten hat. Sitzen Sie aufrecht, lümmeln Sie nicht.
- Sie rauchen nicht, auch wenn es ausdrücklich erlaubt wird.
- Sie trinken auf keinen Fall Alkohol – selbst wenn er Ihnen angeboten wird. Das kann – ebenso wie die angebotene Zigarette – eine »Falle« sein.
- Sie verwenden den Namen des Gesprächspartners möglichst oft. Vergessen Sie etwaige Titel Ihres Gegenübers nicht!
- Sie stellen keine übertriebenen Gehaltsforderungen. Ihr neuer Chef kennt sich bei Gehältern sicher gut aus und weiß, wann Sie zu pokern anfangen.

- Sie haben Notizblock und Kuli dabei, um Notizen zu machen.
- Sie erklären zwar, warum Sie Ihren Job wechseln wollen, schimpfen aber nicht über Ihre alte Firma.
- Sie bedanken sich nach dem Gespräch und verabschieden sich höflich.

Was tun, wenn ich zu spät zum Vorstellungsgespräch komme?

Dafür gibt es keine Entschuldigung! Denn Unpünktlichkeit macht den denkbar schlechtesten Eindruck. Kommen Sie lieber etwas früher in die Gegend, in der sich der neue Arbeitsplatz befindet. Planen Sie eventuelle Verspätungen ein. Bevor Sie zu spät kommen, setzen Sie sich lieber in ein Café in der Nähe und überbrücken so die Zeit bis zum Termin.

Was tue ich, wenn ich aufgeregt bin?

Versuchen Sie, Ihre Aufregung zu unterdrücken. Gelingt Ihnen dies nicht oder nur schwer, dann geben Sie ruhig zu, dass Sie aufgeregt sind. Das wirkt sympathischer als allzu »cooles« Auftreten.

Ist es sinnvoll, nach dem Gespräch »nachzufassen«?

Selbst wenn Sie nervös und gespannt sind, ob Sie den Job wirklich bekommen: Vermeiden Sie den Eindruck, Sie wollten Druck machen oder um einen positiven Entscheid betteln. Ein Nachfassbrief dagegen kann hilfreich sein: Bedanken Sie sich darin nochmals für das Gespräch, entkräften Sie eventuell aufgetretene Einwände, weisen Sie auf Gegebenheiten hin, die Sie im Gespräch vielleicht vergessen haben. Solch ein Brief sollte nicht länger als eine Seite sein.

Im neuen Job

Sie kennen meist noch niemanden, müssen sich auf neue Kollegen und Vorgesetzte, eine andere Umgebung und vielleicht neue Aufgaben einstellen. Da gilt es besonders zurückhaltend zu sein! Höflichkeit jedoch ist immer und überall gefragt – damit können Sie die schlimmsten Fettnäpfchen umgehen.

▶ *Wie gehe ich mit einem Vorgesetzten innerhalb der Firma um, den ich privat gut kenne?*

Sie behandeln Ihren Chef innerhalb der Firma immer als Respektsperson. Ob Sie sich im Betrieb duzen oder siezen, sollten Sie vorher absprechen.

▶ *Muss ich eine Einstandsfeier geben?*

Am besten fragen Sie bei den Kollegen nach, wie es im Unternehmen gehandhabt wird. Oft herrscht in der Firma Alkoholverbot – daran müssen Sie sich unbedingt halten! Hüten Sie sich davor, gleich am ersten Tag zum Umtrunk einzuladen – das könnte den Eindruck erwecken, Sie wollten sich anbiedern. In manchen Betrieben ist es auch üblich, den Einstand erst dann zu feiern, wenn man die Probezeit überstanden hat.

▶ *Wer grüßt in der Firma wen zuerst?*

Prinzipiell gibt es zwei Regeln. Die erste sagt: »Wer einen Raum betritt, grüßt zuerst.« Die andere Regel lautet: »Der Chef wird immer zuerst begrüßt.« Beides ist möglich – Sie werden sicher am besten fahren, wenn Sie sich so verhalten, wie es die Mehrheit der Mitarbeiter tut.

▶ *Wie behandle ich als Vorgesetzter meine Mitarbeiter?*

Halten Sie sich an diese Regeln, wenn Sie die Karriereleiter nach oben gestiegen sind:

- Übertreiben Sie Ihr Chefverhalten nicht!
- Kommandoton und Befehlsstimme gehören nicht ins Büro. Sie sollten mit Ihren Untergebenen kommunizieren, nicht sie kommandieren.
- Behandeln Sie Ihre Mitarbeiter nicht wie Leibeigene, sondern lassen Sie sie spüren, dass Sie ein Team sind.
- Eigene Fehlentscheidungen sollten Sie nie Mitarbeitern in die Schuhe schieben.
- Bilden Sie sich in Ihrem Fachgebiet weiter, bleiben Sie nicht stehen. Sonst verlieren Sie an Autorität.

▶ *Wie trage ich zu einem guten Betriebsklima bei?*

Im Privatleben können wir uns aussuchen, mit wem wir Umgang pflegen und unsere Zeit verbringen. Bei der Arbeit geht das nicht. Umso mehr ist gegenseitige Rücksichtnahme nötig. Jeder unserer Kollegen darf erwarten, mit dem gleichen Respekt und der gleichen Achtung behandelt zu werden wie wir selbst es wollen. Vermeiden Sie es daher,

- über andere zu tuscheln.
- sich über andere heimlich lustig zu machen.
- andere gezielt schlecht zu machen.
- Intrigen zu spinnen, um die eigene Karriere zu fördern.
- andere Kollegen auszunutzen.
- sich bei Ihrem Vorgesetzten »einzuschleimen«.
- anderen Ihre eigenen Fehler in die Schuhe zu schieben (sondern stehen Sie selbst dafür gerade).
- allzu intime Kontakte mit den Kollegen zu pflegen: Sie wissen nicht, wann jemand persönliche Informationen ausnutzt, um selbst Karriere zu machen. Fragen Sie sich hin und wieder, was Ihr anscheinend so freundliches und hilfsbereites Gegenüber eigentlich erreichen will.

▶ *Gilt auch in der Firma das Recht auf Privatsphäre?*

Unbedingt! Respektieren Sie die Privatsphäre Ihrer Kollegen und Mitarbeiter: Dokumente, Schreibtische und auch Computer der Kollegen sind tabu. Hier hat niemand unerlaubt herumzuschnüffeln!

▶ *Wie gehe ich mit privat belastenden Problemen um?*

Lassen Sie privaten Ärger zu Hause: Ihre Kollegen können schließlich nichts dafür, wenn Sie Probleme mit Ihrem Partner oder innerhalb Ihrer Familie haben. Das heißt jedoch nicht, dass Sie zwanghaft gut gelaunt sein müssen. Sie können durchaus zeigen, wenn es Ihnen einmal schlecht geht, aber gewiss nicht mit schlechter Laune! Weisen Sie in ruhigen Worten darauf hin, dass es Ihnen heute mal nicht so gut geht. Wenn Ihre Arbeit nicht auf Dauer darunter leidet, sollten Ihre Kollegen Verständnis haben.

▶ *Muss ich mich Feierabend- oder Mittagstreffs mit Kollegen anschließen?*

Sie müssen nicht jeden Abend »auf Achse« sein oder jeden Mittag gemeinsam mit den Kollegen essen gehen. Aber Sie sollten sich nicht stets von kollegialen Geselligkeiten ausschließen. Ein gelegentliches (oder regelmäßige, aber nicht zu häufige) Treffen kann dem Teamgeist und dem Zusammenhalt sehr förderlich sein.

▶ *Wie verhalte ich mich beim Betriebsausflug/ bei der Firmenfeier?*

Betriebsausflüge haben ihre eigenen Gesetze und Spielregeln, die nur an diesem Tag Gültigkeit besitzen. Am nächsten Tag gilt wieder das normale Geschäftsgebaren, selbst wenn es noch so familiär zuging. Benehmen Sie sich von vornherein eher zurückhaltend. Achten Sie lieber darauf,

- sich mit dem Genuss von Alkohol zurückzuhalten. Sonst kann es zu peinlichen Folgen kommen, an die Vorgesetzte und auch Kollegen sich immer wieder erinnern.
- nicht als Erster ans Büfett zu stürmen. Warten Sie, bis der Chef die Belegschaft darum bittet.
- sich an Getränkeregeln zu halten und keine Sonderwünsche zu bestellen – auch nicht auf eigene Rechnung.
- sich an das Menü oder Büfett zu halten, das von der Geschäftsleitung ausgegeben wird. Es gibt nur eine einzige Ausnahme: Sie reagieren auf eine Speise allergisch. Vegetarier werden normalerweise ein Gericht oder eine Beilage finden, die ohne Fleisch zubereitet wurde.
- nicht am Essen, an den Getränken oder an den Speisen herumzumäkeln.
- eine Betriebsfeier zu nutzen, um mit Kollegen aus anderen Abteilungen in Kontakt zu kommen. Versuchen Sie, mit Kollegen zu sprechen, mit denen Sie normalerweise nicht so gut klarkommen: So mancher Konflikt löste sich nach einem Firmenfest in Luft auf.

▶ *Muss ich an Betriebsfeiern oder -ausflügen teilnehmen?*

Klar ist in jedem Fall: Wenn Sie z. B. beim Betriebsausflug nicht mitmachen, müssen Sie in dieser Zeit arbeiten und haben keinen freien Tag. Bei abendlichen Veranstaltungen – Weihnachtsfeier etc. –, die in der Freizeit stattfinden, ist die Teilnahme meist freiwillig. Vorsicht: Es ist keine gute Idee, sich zu drücken und auf der Feier oder dem Betriebsausflug gar nicht erst zu erscheinen. Wer fernbleibt, wird schnell zum Außenseiter – und kann durchaus Probleme am Arbeitsplatz bekommen.

▶ *Wie gehe ich mit Peinlichkeiten »am Tag danach« um?*

Gehen Sie stillschweigend darüber hinweg: über das Du, das der Chef Ihnen weinselig angeboten hat ebenso wie über die Peinlichkeit, dass Ihnen ein Kollege über Gebühr nahe kommen wollte. Wenn Sie sich selbst auf dem Betriebsfest daneben benommen haben, sollten Sie sich nicht vor einer Entschuldigung fürchten. Damit beugen Sie von vornherein möglichem Klatsch und Tratsch vor!

▶ *Wie verhalte ich mich gegenüber Vorgesetzten?*

Vorgesetzte (Abteilungsleiter, Vorarbeiter, Betriebsleiter etc.) sind während der Arbeit mit dem Respekt zu behandeln, der ihnen von ihrer betrieblichen Stellung her zusteht. Auch dann, wenn man am Abend zuvor noch gemütlich zusammensaß und an der Theke noch das eine oder andere Bierchen zischte. Das bedeutet nicht, dass Sie ihnen unterwürfig gegenübertreten oder sich alles gefallen lassen (müssen): Sie können sich durchaus gegen Unzumutbarkeiten wehren – aber bitte immer in höflichem, wenn auch bestimmtem Ton.

▶ *Wie benehme ich mich, wenn ich einen Termin beim Chef habe?*

Lassen Sie sich zunächst von der Sekretärin anmelden. Für Ihren »Auftritt« ist Folgendes wichtig:

- Sorgen Sie für ein ansprechendes Äußeres. Das heißt: Ihr Jackett ist nicht offen, Ihr Kostüm oder Kleid ebenso geordnet wie Ihr Haar (unter Umständen am Abend vorher oder morgens frisch gewaschen).
- Selbstverständlich treten Sie Ihrem Vorgesetzten weder mit der Zigarette in der Hand noch einem Kaugummi im Mund gegenüber.
- Vor dem Eintreten klopfen Sie an und warten auf ein »Herein« (natürlich dann nicht, wenn die Vorzimmerdame Ihnen schon die Türe zum Chefbüro geöffnet hat).
- Bewahren Sie Ruhe! Selbst wenn Sie wegen eines eigenen Fehlers zu Ihrem Vorgesetzten »zitiert« wurden.
- Fallen Sie nicht gleich mit der Tür ins Haus: Warten Sie nach der Begrüßung ab, bis Ihr Chef das Gespräch beginnt.
- Der höhere Rang des Vorgesetzten gibt ihm das Recht, Sie so lange vor seinem Schreibtisch stehen zu lassen, wie es ihm gefällt. In diesem Fall ist »stehen« durchaus wörtlich gemeint – Platz dürfen Sie nämlich erst nehmen, wenn der Boss ihn anbietet.

Was macht einen guten Vorgesetzten aus?

Grundsätzlich sollte sich jeder Mensch, dem andere zuarbeiten und denen er in leitender Funktion vorsteht, vor Augen halten, dass seine Mitarbeiter das Recht auf anständige Behandlung und höflichen Umgang haben:

- Seien Sie immer fair zu Ihren Mitarbeitern.
- Packen Sie auch mal selbst an, wenn Not am Mann ist.
- Stellen Sie Untergebene nie im Kreis der Kollegen zur Rede.
- Seien Sie stets ein Vorbild.
- Versuchen Sie, ein gutes Betriebsklima zu schaffen.
- Sehen Sie Ihre Angestellten als gleichberechtigte Partner an.
- Zeigen Sie Ihre Autorität nur da, wo es nötig ist.
- Lassen Sie sich nicht auf Tratschereien ein.
- Kleiden Sie selbst strikte Anordnungen in eine höfliche Form: Als Bitte »getarnt« werden sie sicher lieber befolgt.
- Klären Sie Unstimmigkeiten sofort in einem sachlichen Gespräch.

Treffpunkt Toilette – von gleich zu gleich?

Es gibt keine festgeschriebenen Anstandsregeln – außer der einen: Vermeiden Sie Peinlichkeiten! Nicht nur das Zusammentreffen mit Vorgesetzten, auch jenes mit Kollegen erfordert Taktgefühl. Einen diskreten Gruß können Sie natürlich austauschen – »Guten Morgen« oder »Hallo« genügt völlig. Schließlich könnte Ihrem Vorgesetzten die Situation unangenehm oder peinlich sein: Das hierarchische Gefüge ist auf dem stillen Örtchen nämlich gewissermaßen außer Kontrolle. Meint aber nun jemand, trotz allem ein paar Worte wechseln zu müssen, so sollte man damit auf alle Fälle bis zum Händewaschen warten. Beim Waschbecken kann auch ohne »Gesichtsverlust« wieder ganz normal miteinander geredet werden.

Wie verhalte ich mich, wenn Firmengäste an meinem Arbeitsplatz sind?

Die Firma, in der Sie arbeiten, wird sich bei einer Betriebsbesichtigung im besten Lichte darstellen wollen. Sie können dazu beitragen. Deshalb:

- Informieren Sie Ihre Mitarbeiter rechtzeitig. Der normale Arbeitsablauf sollte durch die Besucher nicht mehr als nötig gestört werden.
- In einem Produktionsbetrieb herrscht oft ein etwas rauerer Ton als im Büro. Bitten Sie die Kollegen, sich für ein paar Minuten zusammenzunehmen.
- Wenn die Betriebsbesichtigung beginnt, achten Sie darauf, dass ein kompetenter Kollege dabei ist, der etwaige Fragen sachlich und ausreichend beantworten kann. Sie wollen und sollen ja sicher Informationen vermitteln und die Besucher nicht einfach nur hektisch durchs Werk hetzen.

Wie verhalte ich mich bei Konferenzen und Sitzungen?

Wenn Sie nicht gerade einen Beruf ausüben, in dem Seminare und Konferenzen zum Alltag gehören, wird solch eine offizielle Besprechung zwischen Vorgesetzten und Mitarbeitern für Sie nicht der Normalfall sein. Vor allem dann nicht, wenn Firmenfremde an dieser Tagung teilnehmen. So benehmen Sie sich perfekt:

- Im Büro arbeiten Sie vielleicht ohne Jackett. Für die Konferenz ziehen Sie es jedoch wieder an.
- Werfen Sie einen schnellen Blick in den Spiegel: Sie sollten trotz aller Arbeitshektik gepflegt aussehen.
- Auch wenn in Ihrem Büro Rauchen erlaubt ist – im Konferenzzimmer muss das nicht unbedingt der Fall sein. Gerade bei längeren Besprechungen heißt es: Rücksicht nehmen! Verständnis für Raucher zeigen Sie, wenn Sie Zigarettenpausen einlegen.
- Spielen Sie bei den Gesprächen nicht über Gebühr den großen Macher. Probleme müssen gemeinsam gelöst werden – ständiges Diskutieren bringt die Runde nicht unbedingt weiter.
- An Konferenzen nehmen meist höher gestellte Mitarbeiter, oft auch Betriebsfremde teil. Der lockere Umgangston, den Sie in Ihrem eigenen Büro pflegen, muss hier nicht unbedingt angebracht sein.

Impressum

Genehmigte Lizenzausgabe für Nebel Verlag GmbH, Eggolsheim, 2006

Redaktion: Eva Wöbb
Projektleitung: Christiane Reinelt
Umschlag: Till Eiden
Layout und DTP: Wolfgang Lehner
Produktion: Manfred Metzger (Leitung), Annette Aatz, Monika Köhler

Abfall 47, 50
Alkohol (Zurückhaltung) 60, 75, 86, 88, 90
Ämter 43
Anrufbeantworter 21
Applaus 49
Artischocken 66
Arztbesuch 44f
Ausland 79f
Austern 66

Bahn 72f, 78
Bankett 33
Bart 6
Begrüßung 27ff
Behörden 43ff
Berufsleben
– Betriebsausflug/-feier 90f
– Betriebsklima 89
– Bewerbung 81ff
– Einstandsfeier 88
– Grüßen 88
– Konferenzen 93f
– Privatsphäre 89
– Toilette 93
– Vorgesetzte 88ff
Beschwerde
– im Hotel 77
– im Restaurant 65
Besteck 53ff
Bestecksprache 58f
Betriebsausflug/-feier 90f
Betriebsklima 89
ewerbung 81ff
ezahlen
– im Hotel 77f
– im Restaurant 63f
Blumen 26, 43
Brunch 33
Büfett 90
Bus 72f
Busreise 78

Duzen 16ff, 30f, 88

Eindruck, erster 6, 83
Einladung zu offiziellem Ereignis 33ff
– Antwort 34
– Abkürzungen 35
Einstandsfeier 88
Empfang 33, 59
Entschuldigung 10ff, 37
Essen, korrektes 66ff
Essen, offizielles (zuhause) 51ff
Essen im Flugzeug 74

Familie, Anstandsregeln in der 23
Feier, offizielle 33ff
– Anreden/Titel 37ff
– Bedanken 43
– Begleitung 35
– Begrüßung 37
– Blumenstrauß 43
– Gästebuch 42
– Gastgeschenk 42
– Kleidungsvorschriften 34
– Pünktlichkeit 35f
– Tischherr, Tischdame 40f, 65
– Tischordnung 40f
Feste 19
Fingergerichte 67
Fisch 53, 55, 59, 67f
Fischgabel 53
Fischmesser 53, 55
Fleisch 53, 59, 67f
Flugbegleiter 75
Flugzeug 74f

Gabel (Haltung) 55f
Gästebuch 42
Gastgeschenk 42
Gedeck 52ff
Getränke 59f, 90
Gericht 44
Gläser 54, 59ff
Gourmetlöffel 56, 59, 67
Gruß 27ff, 88

Haltung beim Essen 57
Handkuss 29f
Handschlag (Händedruck) 29, 32
Haustiere 15f
Hotel 75ff
Hummer 68f
Hund 15f, 50
Husten 10, 49

Intimsphäre 23

Kasse 47
Kaufhaus 46f

Kaviar 69
Kleiderordnung
– auf offiziellen Feiern 34
– in Oper und Theater 49
Kleidung
– allgemein 7f
– vor Gericht und beim Arzt 44f
– bei offiziellen Ereignissen 34
– im Urlaub 79
– beim Vorstellungsgespräch 83ff
– zuhause 23
Kinder
– Geschenke 42
– Manieren 24f
Kino 47f
Kirche 50
Klinikaufenthalt 45
Klinikpersonal 46
Komplimente 9
Körpergeruch 7
Krabben 69f
Krankenbesuch 25f
– Mitbringsel 26
Krankenhaus 22, 25f, 45f
Kuss 30

Linkshänder 56
Löffel (Haltung) 55f

Menü 53ff, 59, 63, 90
Messer (Haltung) 54ff
Mobiltelefon 22, 46, 49
Mundgeruch 7
Muscheln 70

Nachbarn 18f
Nein sagen 12
Niesen 10, 49

Oper 47ff

Pflegepersonal 46
Placement 41
Pünktlichkeit
– beim Arzt 44
– auf Feiern 35f
– in der Kirche 50
– im Restaurant 64
– bei Veranstaltungen 48
– beim Vorstellungsgespräch 87

Rauchen 13ff
Reisen 72ff
Restaurant 58, 61ff

Schmuck 6, 83ff
Schnecken 70
Servieren 51f
Servierhilfen 51
Serviette 57f
Sherry 60
Sitznachbar
– auf Veranstaltungen 47
– in Verkehrsmitteln 73ff
Spaghetti 54, 71
Stäbchen, Essen mit 66f
Supermarkt 46f
Suppe 52ff, 71

Takt 8, 10
Telefon, guter Ton am 20ff
Theater 47ff
Tischherr, Tischdame 40f, 65
Tischordnung 40f
Titel 37ff
Trinkgeld
– im Ausland 80
– Busfahrer, Zugpersonal, Schiffsstewards 78
– Flugbegleiter 75
– Hotelpersonal 77f
– Krankenschwestern (Kaffeekasse) 46
– Postbote, Müllmänner, Babysitter, Putzfrau 19

Urlaub 79f

Veranstaltungen 43ff
Verkehrsmittel, öffentliche 72ff
Visitenkarte 32
Vorgesetzte 88ff
Vorstellung 30ff
Vorstellungsgespräch 82ff

Wahrheit 8f
Wein 59ff, 63
Weißwurst 71

Zimmermädchen 76